Josef Bierl

Balance-orientiertes Vertriebscoaching

Josef Bierl

Balance-orientiertes Vertriebscoaching

Mit der systemischen
Aufstellungsmethode
mehr Erfolg für Finanzverkäufer

GABLER

Bibliografische Information Der Deutschen Bibliothek
Die Deutsche Bibliothek verzeichnet diese Publikation in der Deutschen
Nationalbibliografie; detaillierte bibliografische Daten sind im Internet über
<http://dnb.ddb.de> abrufbar.

1. Auflage Januar 2006

Alle Rechte vorbehalten
© Betriebswirtschaftlicher Verlag Dr. Th. Gabler/GWV Fachverlage GmbH,
Wiesbaden 2006

Lektorat: Karin Janssen

Der Gabler Verlag ist ein Unternehmen von Springer Science+Business Media.
www.gabler.de

Umschlaggestaltung: Nina Faber de.sign, Wiesbaden
Druck und buchbinderische Verarbeitung: Wilhelm & Adam, Heusenstamm
Gedruckt auf säurefreiem und chlorfrei gebleichtem Papier
Printed in Germany

ISBN 3-8349-0029-X

Danksagung - Meinen schützenden, fordernden Entwicklern, Helfern und liebenswerten Menschen gewidmet

Ich widme all denen diese Zeilen, die mich durch absichtliche und unabsichtliche Prägungen im Leben dazu gebracht haben, meinen Stärken und meiner Bestimmung zu folgen, um das zu machen, was ich jetzt machen darf.

Danke meinen Eltern für das immerwährende Dasein ohne jemals dafür etwas zu fordern oder sich zu beklagen.

Danke meiner Tochter Nina, die in mir tief verwurzelt ist, die mir die unregelmäßigen Treffen immer wieder verzeiht und meine Freude ist.

Danke meiner Partnerin Monika, die meine Abwesenheiten nicht nur in Kauf nimmt, sondern mich vom Alltag freihält und mich durch ihr Dasein stärkt.

Danke meiner Kollegin und Geschäftspartnerin Sonja Deinfelder, die mich nicht nur bei der Umsetzung des Buches und der redaktionellen Arbeit unterstützt hat, sondern darüber hinaus meine Ideen teilt und mit vorantreibt.

Danke meinen alten und neuen „Lehrmeistern" für vergangenes und zukünftiges gemeinsames Wirken.

Danke allen meinen Kunden, die mir geholfen haben, meine Erfahrungen jetzt niederschreiben zu können.

Danke dem Vorstandsvorsitzenden der Volksbank Heilbronn eG, Herrn Oppermann, der mir das Geleitwort und damit „seinen Namen" in meinem Buch geschenkt hat.

Geleitwort von Adolf Oppermann

Wie wird man ein guter Berater?

Wichtig ist, dass man sich zum Berater berufen fühlt und über eine kommunikative Begabung verfügt. Wichtig für den unternehmerischen Erfolg sind Bekenntnis, Stolz, Mannschaftsgeist, unternehmerisches Denken, Umsetzung von Führungsgrundsätzen. All dies wirkt sich auch unmittelbar auf die Kundenbeziehung aus. Aufgeschlossenheit und Wertschätzung innerhalb des Unternehmens werden auf das Kundenverhältnis übertragen.

Konstruktive Kritik ist hilfreich und positiv zu bewerten, denn sie schlägt sich im höheren Ansehen und größerer Glaubwürdigkeit nieder. Die damit verbundene Arbeit, beispielsweise intensive Mitarbeiterschulung, lohnt sich.

Das Geschäft wächst, wird qualitativ besser, der Erfolg wird sichtbar. Geschäftsführung, Führungskräfte und Mitarbeiter erkennen dies gemeinsam. Der Kunde steht im Blickpunkt unseres gemeinsamen Interesses. Ihn gilt es zufriedener zu machen. Das ist unser Versprechen.

Heilbronn, November 2005   Adolf Oppermann,
                                    Vorstandsvorsitzender
                                    Volksbank Heilbronn eG

Vorwort des Autors

Zuerst möchte ich Ihnen herzlich danken für den Erwerb dieses Buches und für die Zeit, die Sie in die Lektüre investieren.

Das Buch richtet sich an Vorstände, Personal- und Vertriebsleiter sowie interne Personalentwickler und Trainer. Sie tragen die Verantwortung, dass die Kundenbindung intensiviert, die Cross-Selling-Raten ausgebaut und eine Beraterpersönlichkeit herausgebildet wird, die im Kundengeschäft einen „Mehrwert" bietet. Das dargestellte Vorgehen ist praxiserprobt. Gearbeitet wird mit konkreten verhaltensspezifischen und betriebswirtschaftlichen Zielkennzeichen. Es wird anhand von Praxisbeispielen verdeutlicht, wie mit Neugier, Intuition und Beharrlichkeit die Beraterkompetenz gesteigert werden kann.

Nehmen Sie sich für die Lektüre des Buches Zeit und verschaffen Sie sich zunächst einen Überblick. Selbstverständlich können Sie sich auch von Teilaussagen inspirieren lassen, um sich durch die ein oder andere für Sie „verrückte" Vorgehensweise skeptisch und damit vorausschauend anregen zu lassen.

Die Vorgehensweise, die Ihren Erfolg durch das Zusammenwirken unterschiedlicher Schritte und Maßnahmen folgen lässt, erfordert von Ihnen Offenheit und Lust, durch Konsequenz und Ausdauer eine Wachstumsentwicklung bei Ihren Mitarbeitern entstehen zu lassen. Indem Sie Ihre Mitarbeiter zu Leistungen und Erfolgen anregen, motivieren Sie diese weiter an sich zu arbeiten.

Der Gesamterfolg wird ein Zusammenspiel von „die anderen tragen dazu bei" und „ich trage dazu bei" bedingen, so dass mit einer klaren Zielausrichtung, Kontinuität, Beharrlichkeit und einem Methodenmix Ihre Marktstellung im Finanzdienstleistungsbereich ausgebaut und stabilisiert wird.

Im Verlauf des Buches werden Ihnen Wege aufgezeigt, die einen „Produkterklärer" zum „emotionalen Finanzcoach" werden lassen, der „mit einem Zug voraus" seine Kunden durch Persönlichkeit und eine ausgefeilte Vorgehensweise in der Beratung überzeugt und zum Fan von sich werden lässt.

Manche Beschreibungen werden Ihnen „merk-würdig" erscheinen oder einfach würdig genug, sie zu verinnerlichen.

Bedenken Sie aber dabei: Das Gras wächst nicht schneller, selbst wenn man daran zieht! Also lassen Sie Ihren Beratern und Finanzverkäufern kalkulierte Zeit für ihr Wachstum.

Ich wünsche Ihnen dafür Mut und auch Spaß sich einzulassen auf Neues, auszuprobieren und Ihre Erfolge zu feiern!

Gehen Sie jetzt mit mir los….um einen Zug voraus zu sein!!

Aschach, November 2005   Josef Bierl

Inhalt

1. Einleitung

Es war einmal vor langer, langer Zeit in einem fernen Land am Hofe eines Sultans. Dort trug sich folgende Geschichte zu.

Der Sultan hatte, nachdem er wieder einmal von einer Langeweile erfasst wurde, sich entschieden einen Zauberkünstler für eine Vorstellung mit seinen Untertanen zu engagieren, um sich unterhalten zu lassen. Und so geschah es dann auch...

Der Zauberkünstler wirkte in sich ruhend, seine Bewegungen waren überlegt und gelassen und von ihm ging eine Ausstrahlung von Freude, Begeisterung und Echtheit aus. Als er so langsam seinen Zaubermantel überstreifte und mit kraftvoller Stimme und weichen Gesten die Zuschauer aufmerksam machte, dass er jetzt mit seiner Aufführung begänne, saßen die Untertanen und der Sultan mit gespannten Augen auf dem Boden des Palastes und beobachteten mit Hingabe und sichtbar beeindruckt die Kunststücke des Zauberers, bis dieser mit einer danksagenden Geste den Schluss der Darbietung einleitete und sich dabei tief vor seinem Publikum verbeugte. Ein frenetischer Jubel brach aus. Die Untertanen und insbesondere der Sultan waren angetan von der professionellen Darbietung der Zauberkunststücke. Ein ohrenbetäubendes Klatschen und Gekreische brach im Palast aus und der Sultan schrie: „Welch ein Wunder, welches Talent, welch ein Genie dieser Zauberkünstler doch hat! Unglaublich, unglaublich!" entwich es ihm und ein Entzücken strich über sein Gesicht. Ebenso verhielten sich die Untertanen, die immer mehr in Ekstase gerieten und mit dem Sultan folgsam, wie es sich für Untertanen geziemt, in den Rausch der Begeisterung einstimmten. Minutenlanger Applaus von allen Menschen im Palast – von allen, außer von einem…

Da war der Wesir, der nur kurz und ehrlich mit einem knappen Klatschen seinen Respekt ausrückte und dann wieder verstummte. Der Sultan, vor lauter Begeisterung mittlerweile im Gesicht errötet, sah dies und sprach den Wesir auf dessen zurückhaltendes Verhalten an: „Gefällt dir diese Darbietung denn nicht?! Siehst du nicht dieses unglaubliche Wunder, dieses Talent, dieses Genie?!" Der Wesir aber blickte nur ernst in das Gesicht des Sultans und sprach nach einigen Sekunden des Schweigens: „Dies Hoheit, dies was Ihr hier seht, ist lediglich etwas Talent, das Wissen um dieses Talent, vor allem aber Übung, Beharrlichkeit und Konsequenz!"

„Wie kannst du es wagen…!!" schrie der Sultan wutentbrannt über diese wenig bewundernswerten Worte des Wesirs. „Das, was du hier siehst, Du undankbarer, ungläubiger Rebell, ist ausschließlich Talent, ein Talent von solcher Größe, wie es noch niemand zuvor gesehen hat. Und du, …..." schrie er sich immer mehr in den Zorn „…..du wagst es, solche Unwahrheit zu verbreiten!! Ich werde dich lehren, so zu spotten!!" Der Sultan befahl seine Leibwache zu sich und herrschte den Wesir an: „Damit du über deine unflätigen, anmaßenden Worte nachdenken kannst, wirst du Zeit deines Lebens im Kerker schmoren!! Ergreift ihn…und gebt ihm zur Untermauerung seiner Dummheit ein Kalb mit, damit er Gesellschaft hat und unter seines gleichen weilt!!!"

So geschah es. Und es verging Tag für Tag, Woche für Woche und Monat für Monat. Der Wesir, anstatt zu jammern und sein Schicksal zu beklagen, nutzte die Zeit und stemmte täglich mehrfach dieses Kalb. Dadurch nahm er zu an Kraft, Vitalität und Energie, die immer mehr durch seinen trainierten, wohlgeformten Körper sichtbar wurde.

Die Zeit verging. Irgendwann erinnerte sich der Sultan an seinen eingesperrten Wesir und befahl den Wärtern: „Holt mir den Wesir, damit ich sehe, ob er jetzt durch die Haft über seine unflätigen Worte reumütig geworden ist und das Genie des Zauberers anerkennt." So geschah es, dass die Wächter den Wesir in den Palast vor den Sultan führten. Als der Wesir in seiner Kraft und Statur so vor dem Sultan stand, entwich es diesem: „Welch ein Wunder!" Und noch verblüffter reagierte der Sultan, als der Wesir vor ihm stehend einen ausgewachsenen Stier mit , kraftvollen Armstößen immer wieder nach oben stemmte und dabei ein Bild von einen durchtrainierten, kraftvollen, energiegeladenen Mann abgab. „Welch ein Wunder, welch ein Talent, welch ein Genie!!" konnte der Sultan nur immer wieder staunend feststellen. Den Stier immer noch in die Höhe wuchtend, erwiderte der Wesir darauf nur mit ruhigem Atem sprechend: „Nein Hoheit, das was Ihr hier seht, ist nur etwas Talent, vor allem aber das Ergebnis aus Übung, Beharrlichkeit und Konsequenz."

Nach dem Durcharbeiten des Buches wird Ihnen die Analogie zwischen der Entwicklung vom „Produkterklärer" zum „emotionalen Finanzcoach" und dieser Geschichte bewusst werden.

2. Ausgangslage

„Eine bessere Zukunft entsteht aus der Weiterentwicklung der Vergangenheit." (Johann Wolfgang von Goethe)

2.1 Der Finanzdienstleistungsmarkt

„Die Wettbewerbslage ändert sich permanent" hören wir es immer wieder in den Vorstandsetagen klagen. Die Kundenloyalität gegenüber den Kreditinstituten habe abgenommen. Die Kunden halten heute viel häufiger Mehrfachbankverbindungen, wechseln leichter die Geschäftsverbindung und sind durch viele Fernsehsendungen empfindlicher, kritischer und selbstbewusster in ihrem Verhalten.

Der Vorstand einer Bank beschrieb es so: „Wir als Bank haben nicht den Vorteil, die ästhetischen Formen eines schnittigen Autos als Alleinstellungsmerkmal anbieten zu können, wie es modisch gekleidete Verkäufer von großen Marken tun! Leider haben wir nur ein Blatt Papier, auf dem ein Zinssatz und einige Schriftzüge stehen!" Dieser Umstand macht ein sinnliches, emotionales Erlebnis für den Kunden eher unwahrscheinlich. Und das bedeutet, die Zukunft der Finanzverkäufer wird mehr denn je durch ihre eigene Persönlichkeit und Gesprächsmethodik bestimmt.

Weiterhin erklärte mir der Vorstand, dass die Zunahme von freien, erfolgshungrigen Vermögensberatern, die im Privat-

und Servicekundenbereich aktiv und zielorientiert die Kunden ansprechen, einen weiteren Handlungsdruck erzeuge.

Als Indiz dafür wurde die Vorgehensweise der freien Berater mit ihrem allumfassenden Konzept gesehen, mit dem sie bei den Bankkunden Respekt, Anerkennung und Geschäftsabschluss ernten. Die Banken werden damit immer mehr zum Erfüllungsgehilfen der Kunden für die Abwicklung des Zahlungsverkehrs degradiert, wohingegen die ertragreichen Geschäfte von den freien Finanzdienstleistern getätigt werden.

Weshalb konnte es zu dieser Entwicklung kommen?

„Haben Sie schon einen Bausparvertrag?" erklingt es aus dem Mund des Beraters eines Kreditinstituts. Höflich, klar – aber eine Spur monoton und unverbindlich. Also nochmals: „Haben Sie schon einen Bausparvertrag?" hört es der Kunde in gleichmäßigen Worten in sein Ohr tönen.

Seine Antwort: „Nein, wozu sollte ich einen Bausparvertrag benötigen?" entweicht es dem Kunden etwas genervt in Richtung Berater. „Ich wollte Sie ja auch nur mal so fragen." beschwichtigt der Berater mit gleichmäßig klingender Stimme „Nur mal so eine Frage, weil wir gerade eine Aktion haben. Aber vielen Dank, ich werde es vermerken." fügt der Berater noch etwas entschuldigend in Richtung Kunde hinzu. Damit ist auch dieser wieder positiv gestimmt und antwortet: „Ist schon gut." Damit ist für beide das Beratungsgespräch beendet!

Sieht der Alltag in manchen Banken wirklich so aus? Was sagen Kundenzufriedenheitsanalysen dazu?

Kundenzufriedenheitsanalyse ist heute für jedes Kreditinstitut eines der wichtigsten Gradmesser als Basis für eine ständige Qualitätsverbesserung im Beraterverhalten. Die grundsätzliche Problematik vieler Bank- und Sparkassenkunden kann man heute treffend mit einem Wort beschreiben: „Bankverdrossenheit". Es ist nicht die Frage ob die Meinung des Kunden über seine Bank richtig oder falsch ist. Tatsache ist, dass der Kunde seine positiven oder negativen Erfahrungen weitererzählt. Laut einer Umfrage der GfK teilen 96 Prozent der Kunden, die mit dem Service unzufrieden sind, dies nicht der Bank, sondern anderen Gesprächspartnern mit. Da Preisniveau und Produkte weitgehend identisch sind, wird bei zunehmendem Wettbewerbsdruck das Augenmerk des Kunden, was die Zufriedenheit mit seiner Bank betrifft, auf Service, Beratung und zwischenmenschliche Beziehung gerichtet sein. Es ist deshalb nicht entscheidend, wie gut die Bank tatsächlich ist, sondern wie gut der Kunde seine Bank einschätzt.

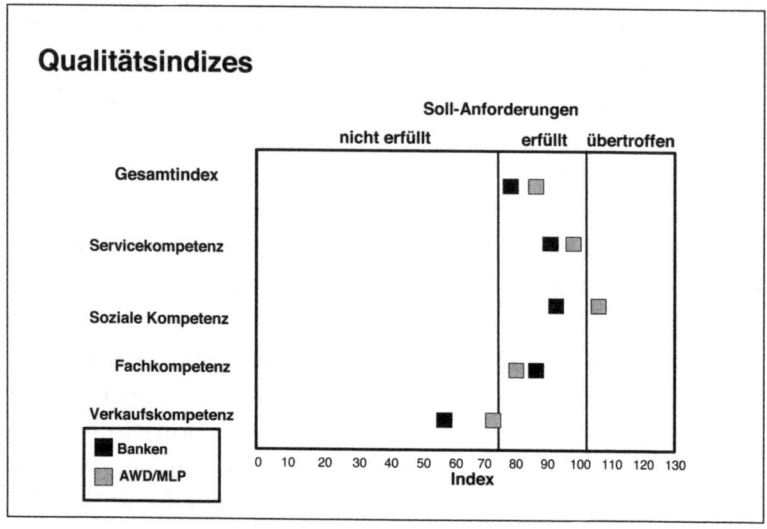

Quelle: NFO Infratest, Testberatungsgespräche

Abbildung 1: Kompetenzvergleich: Banken – freie Berater

Den Kreditinstituten wird in Summe eine hohe Fachkompetenz, jedoch eine schwache verkäuferische Leistung bescheinigt. Bemängelt wurde bei Testkäufen in erster Linie die fehlende Empathie in Bezug auf Kundenbedürfnisse, primäres Interesse am Produktverkauf und mangelnde Abschlussorientierung.

Untermauert wurden diese Ergebnisse durch einen Vergleich der Abschlussbereitschaft von Testern bei Bankberatern und Beratern von MLP/AWD. Von 100 Testern würden 42 bei einem Bankberater keinen Abschluss tätigen, während dies bei den Beratern der freien Finanzdienstleister nur auf 23 Tester zutraf.

Entscheidend ist nun: wie sieht der Konsument der Zukunft aus? Was will er? Und was heißt das für die Banken bzw. deren Mitarbeiter im Beratungsalltag?

2.2 Der „neue Konsument": vom braven Endverbraucher zum Erfahrungsentdecker

Er ist uns davongelaufen, der neue Konsument. Flüchtig ist sein Verhalten. Mal verhält er sich knallhart nach dem Preis, mal fordert er bockig Qualität, mal zahlt er horrende Preise für billigste Ware, die nach Gummibärchen schmeckt und im Grunde nichts als Zucker enthält, mal antwortet er nicht einmal auf die härtesten Kampagnen.

Wie sieht er aus, unser Konsument 2010? Ist er wirklich hin und her geworfen zwischen Gier und Angst, zwischen medieninduzierten Panikattacken und neuen Lustbedürfnissen? Ist er ein „Lean-Konsument", der immer mehr Kaufverweigerung und Preisdruck ausübt, der keine Zeit und keinen Nerv mehr hat, sich überhaupt noch mit den Finessen der Produkte und Waren auseinanderzusetzen? Produkte, sagt man, sind alle gleich. Aber noch immer verkaufen sich manche gleiche Produkte unendlich ungleicher als andere. Wie zeigt sich das in unseren Verhaltensweisen als Kunde?

„Vom Urverbrauch zum Social Shopping" beschreibt der Trendforscher *Matthias Horx* den Entwicklungsgang von uns Konsumenten. Von der Schattenwirtschaft in der Kriegszeit, über das Wohlstandwunder in den 60er Jahren, über die Luxusepoche, hin zum Hedonismus in den 80er Jahren. Wie sieht nun eine mögliche Konsumform der Zukunft aus?

Für 2 Millionen Pfund, beschreibt Matthias Horx in seiner Geschichte, hat sich der britische Designer Paul Smith einen Traum erfüllt. Im Londoner Stadtteil Notting Hill hat er eine vierstöckige viktorianische Villa in sechs unterschiedliche Paul-Smith-Boutiquen verwandelt und damit ein völlig neues Ladenkonzept geschaffen. Die Villa hat keine Schaufenster und der Passant erkennt diese Kreuzung aus Haus und Geschäft nur an einem diskreten Logo über der schlichten Eingangstür. Der Käufer kann alles kaufen, was er sieht: die Kunstgegenstände im Treppenhaus, die Bilder an den Wänden, den Riesenkerzenständer im Parterre, den winzigen Flipper und sogar den Kaugummiautomaten im Kinderzimmer, Kerzen, kleine Spielzeuge, billige Kunstpostkarten, auch für die Tapeten, zur Not sogar die Innenarchitektur, denn am Eingang findet sich ein kleines Schild mit dem Namen des „interior designers". Der Kunde wird in eine Sphäre geführt, die Intimität und Willkommensein vermittelt, als sei er Gast bei guten Freunden.

Was drückt sich hierin aus? „Emotional Shopping" ist das ganz gewiss. „Erlebniseinkauf", aber ein äußerst subtiler. „Sensual Shopping" – „sinnlicher Einkauf", „Social Shopping", denn zum Einkauf gehört der Aufenthalt in der Espressobar. „Personal Consuming", denn weit mehr als nur Produkte wird hier angeboten. Ein Besuch bei Freunden mit Geschmack und Persönlichkeit.

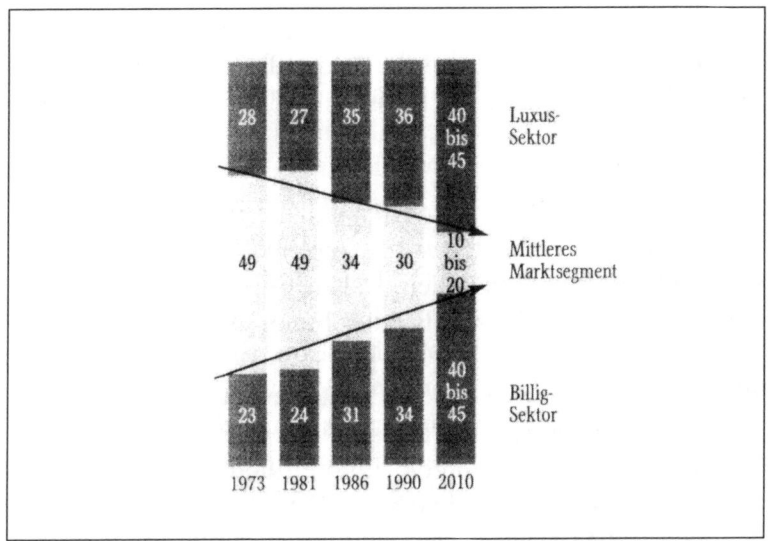

Quelle: BAT Institut für Freizeitforschung

Abbildung 2: Die neue Marktspaltung

Konsum für die oberen Zehntausend, oder ein Symbol für die kommende Konsumkultur? 70 Prozent der Kunden des Paul-Smith-Hauses wohnen in Notting Hills eher ärmeren Teilen rund um die Portobello Road. Diese auf Bankverhältnisse übertragenen Servicekunden (C-Kunden) gehen zu Smith nach Hause und kaufen nichts. Oder nur eine Vase oder einen Schlips. Oder trinken nur einen Espresso.

Diese Entwicklung wird in Abbildung 2 deutlich. Der Bereich der Niedrig- und Geringverdiener (C-Kunden) nimmt zu, während gleichzeitig auch das Segment der sehr vermögenden Kunden (A-Kunden) anwächst. Die bislang vorhandene Mittelschicht bricht sozusagen langsam weg nach der ein oder anderen Richtung. Bezogen auf die Situation in der

Finanzdienstleistung bedeutet das: Es muss eine Angleichung an diese Entwicklung über den Beratungsstil und das individuelle Eingehen auf diese veränderten Kundenbedürfnisse erfolgen.

Noch einmal: Was will der Konsument? Er will am liebsten von Menschen bedient werden, die aber möglichst schnell wie ein Computer sein sollen. Darüber hinaus möchte er sich persönlich behandelt und als guter Freund fühlen können.

Was bedeutet dies nun für die Berater in den Banken?

1. *„Emotional Shopping"*, das heißt der Berater muss Einfühlungsvermögen zeigen, zuhören und eine Wohlfühlatmosphäre herstellen können.

2. *„Sensual Shopping"*, das heißt der Berater muss lernen, ein sinnhaftes Beratungsgespräch führen zu können (Imaginationsverkauf, bildhafter Verkauf mit Verkaufshilfe).

3. *„Personal Consuming"*, das heißt nicht nur reine Produktverkäufe, sondern finanzielle Lebenssituationen müssen im Beratungsgespräch berücksichtigt werden.

4. Die *Persönlichkeit* muss immer wieder auf den Prüfstand der Selbstreflexion gestellt werden, um Authentizität in der Wirkung zu erzeugen.

Fazit: Der „emotionale Finanzcoach" ist auch ein praktischer Psychologe. Schließlich wird er mit sehr langfristigen und sehr persönlichen Entscheidungen seiner Kunden konfrontiert. Das Ziel wird deshalb eine ganzheitliche Beratung sein, die mit Herz und Empathie auf der einen Seite und mit Klarheit, Durchsetzungsfähigkeit und Steuerung auf der anderen Seite ausgestattet sein muss, um eine optimale Kundenbindung zu erreichen.

2.3   Was bewirkt Kundenbindung?

Marktforscher haben herausgefunden, dass die Treue der Kunden zu ihren Geldinstituten nachlässt. Es wird beobachtet, dass ein klarer Trend zum spontanen Wechsel bzw. zur Zweit- oder Drittbankverbindung zunimmt und die Loyalität sowohl bei Privat- als auch bei Firmenkunden immer geringer wird. Im heutigen Geschäftsgebaren ist es häufig üblich, dass der Kunde bei der einen Bank sein Girokonto unterhält und bei der andern Bank seine Anlagen hat. Seinen Versicherungsbedarf deckt er nochmals woanders ab. Deshalb ist es wichtig, die Kundenbindung ernst zu nehmen und zu pflegen.

Wo liegen die Gründe für eine nachlassende Kundenbindung?

Die Selbstbedienung, die bei vielen Banken Einzug hält, ermöglicht es den Kunden Routinegeschäfte selbstständig zu erledigen. Dadurch reduziert sich die Kontaktfrequenz für die Mitarbeiter in der Bank. Online Banking trägt ebenfalls dazu bei, dass die Kunden immer seltener im Kreditinstitut präsent sind und somit nicht angesprochen werden können. Hinzu kommt, dass die Leistungen der Banken durchwegs austauschbar sind und immer neue Marktteilnehmer hinzukommen.

Worin liegt nun der Mehrwert eines Wettbewerbers gegenüber den Mitbewerbern bei gleichen, austauschbaren Produkten, wenn der Kunde zu den Anbietern keine Beziehung hat? Wahrscheinlich ausschließlich im Preis bzw. Zins. Für austauschbare Produkte, bei denen es nur noch auf den Preis bzw. Zins ankommt, braucht man weder Berater noch Verkäufer. Man wird sie sich über kurz oder lang auch gar nicht mehr leisten können. Deshalb spielt gerade in unserer Zeit der austauschbaren Produkte die Kundenbindung eine ganz besonders entscheidende Rolle. Wenn es die Berater in den Banken und Sparkassen nicht schaffen, Kundenbindung herzustellen, stellt sich die Frage der Existenzberechtigung. Denn warum sollte ein Kunde bei einem Berater, zu dem er keine Beziehung hat, ein Produkt kaufen, das er anderswo günstiger bekommt?

Berater bzw. Finanzverkäufer werden zwar weiterhin gebraucht, weil Bankdienstleistungen und Bankgeschäfte erklärungsbedürftig sind. Die qualifizierte Beratung allein reicht allerdings nicht aus. Um erfolgreich im Markt bestehen zu können, müssen die Bankmitarbeiter die Fähigkeit entwickeln, die Kunden an sich zu binden. Dies für alle Marktmitarbeiter zu erreichen, ist Zweck und Inhalt dieses Buches. Kundenbindung entsteht über Emotionen, Strategie, Konsequenz.

Kundenbindung ist nicht in erster Linie eine Frage des Fachwissens, sondern vielmehr eine Frage der Einstellung, des aktiven Zugehens auf den Kunden und der Betreuung, die der Berater dem Kunden zuteil werden lässt.

Kundenbindung ist die Überlebensstrategie im Internetzeitalter, da der Kunde sich bequem von zu Hause alle Infos zu den Produktmerkmalen beschaffen kann. Viele Kunden, die nicht systematisch betreut werden, sind daher typische Kunden von Direkt- und Internetbanken.

Umgekehrt lehrt die Praxis, dass Kunden, die durch eine zielgruppengerechte Kundensegmentierung und Beraterzuordnung aktiv betreut werden, weitgehend abgesichert sind vor einem schnellen Wechsel der Bankverbindung nur wegen des Zinssatzes.

Mit der Zielvorgabe einer verbesserten Durchdringung des Kundenstammes durch eine aktive Kundenansprache und eine Erkennung des Kundenbedarfs durch eine systematische Vorgehensweise bei der Kundenberatung wird in der Wahrnehmung des Kunden eine Marktpositionierung im Bereich der Qualitätsführerschaft angestrebt. Durch diese Positionierung kann der Preiswettbewerb mit den Direktbanken vermieden werden. Der starke regionale Bezug, das dichte örtliche Filialnetz und die kulturelle Nähe zur Kundschaft sind Eigenschaften, die eine solche Positionierung für Regionalbanken und Sparkassen begünstigen. Die relevante Frage ist also: Wie können Anspracheverhalten und Vorgehensweise bei der Beratung auf effiziente Weise optimiert werden?

2.4 Systematische Kundenansprache

Im nächsten und übernächsten Kapitel wird ausführlich ein Lösungsweg zur Etablierung einer systematischen Kundenansprache vorgeschlagen. Als Faktoren, die den Erfolg eines solchen Lösungsweges im Wesentlichen bestimmen und somit unbedingt berücksichtigt werden müssen, sind folgende Punkte zu nennen:

1. Es sollen nur die Kunden angesprochen werden, die ein bestimmtes Ertragspotenzial aufweisen.
2. Die Ansprache soll sich auf die Kunden konzentrieren, bei denen zum Anprachezeitpunkt die Wahrscheinlich-

keit nach offenen Bedürfnissen besonders hoch ist (aktuelle neue Lebensphase).

3. Für die Kundenansprache müssen konkrete operative Ziele vereinbart und anschließend kontrolliert werden.

4. Die Kundenansprache soll zum Erfolg führen. Das heißt, es sollen viele Kunden konsequent motiviert werden, ein Beratungsgespräch zu führen. In diesem Gespräch soll durch eine ziele- und wünscheorientierte Beratung beim Kunden ein Bedürfnis geweckt werden, das zur Kaufnachfrage führt.

5. Eine systematische Vorgehensweise ist Voraussetzung, um das Beraterverhalten zu entwickeln, zu stabilisieren und um die Nachhaltigkeit im täglichen Handeln zu erzielen.

Aufgabe des Vertriebsmanagements ist es, ein klares Gerüst zu entwickeln, um diese Ziele realisieren zu können.

Als erstes ist zu festzulegen, welche Kunden mangels Sparfähigkeit bzw. negativer Erfahrungen nicht angesprochen werden sollen, z. B. Kunden mit Negativeintragungen in der Schufa.

Zweitens muss der optimale Ansprachezeitpunkt gefunden werden. Um diesen Zeitpunkt zu finden, gibt es verschieden Möglichkeiten, die von der beraterinitiierten Ansprache über maschinelle Anlassgenerierungs- und Selektionsverfahren bis hin zur zufallsgesteuerten Ansprache der Laufkundschaft in den Servicebereichen der Institute reichen. Da im Retailgeschäft die Geschäftsbeziehungen nicht so intensiv sind, als dass die Berater stets über die jeweils aktuelle Situation ihrer Kunden informiert wären und somit eine zielgenaue berateraktive Ansprache nicht möglich ist, empfiehlt sich für dieses

Marktsegment die Orientierung an Lebensphasen kombiniert mit einfachen Ansprachestrategien der Serviceberater.

Drittens sind vom Vertriebsmanagement Soll-Werte für Initiativen bzw. Kontaktfrequenzen festzulegen. Gleichzeitig bedarf es einer Methode bzw. eines Controllinginstruments, um die Einhaltung dieser Soll-Werte zu überprüfen.

Viertens und fünftens geht es um die Person, durch die die Kundenansprache erfolgen soll. Es empfiehlt sich bei den zugeordneten Kunden die aktive Terminvereinbarung weitgehend durch die Berater selbst durchführen zu lassen, da hier die Nähe und die Regionalität der Berater zu den lokalen Kunden am schnellsten Offenheit und Termintreue beeinflusst. Als besonders ansprechenswürdig erscheint die Zielgruppe der „verborgenen Kunden", die oftmals nicht von den Beratern angegangen werden. Die Praxis beschreibt eher ein Ansprachverhalten, das sympathische Kunden einschließt, Kunden die täglich in die Bank kommen und vor allem „listentreue Kunden", bei denen ein Produkt fällig wird und die daraufhin angesprochen werden.

Gleichzeitig soll die strukturierte Vorgehensweise bei der Beratung als Ansatzpunkt zur Hebung von Ertragspotenzialen vorgestellt werden. Auch zu diesem Aspekt sind zunächst die Anforderungen des Retailgeschäfts zu nennen:

1. Es soll eine Kundenbeziehung systematisch aufgebaut werden.
2. Die Bedürfnisse des Kunden nach Finanzdienstleistung sollen möglichst vollständig mit „Dringlichkeit und emotionalem Herzblut" festgestellt oder – was in der Zukunft

noch viel wichtiger sein wird – erst durch eine professionelle Gesprächsführung geweckt werden.

3. Alle identifizierten Bedürfnisse sollen im Vermögens- und Privatkundengeschäft über eine Zwei-Phasen-Beratung gedeckt werden. Im Standardkunden-Bereich wird eine sofortige Produkt-Abschluss-Vorgehensweise bevorzugt.

4. Die Gesprächsdauer wird im Vermögens- und Privatkundenbereich im Erstgespräch auf 40 bis 45 Minuten und im Zweitgespräch auf 30 bis 45 Minuten vorgesehen. Im Servicebank-Bereich ist von einer 20- bis 30minütigen Gesprächsdauer auszugehen.

Das ist die Ist-Situation, die wir vorfinden, um jetzt gezielt mit System an die Optimierung des Beraterverhaltens heranzugehen. Der Autor hat in der Betreuung von über 100 Banken und Sparkassen die Erfahrung gemacht, dass es sich lohnt diese Aufgabe mit System anzugehen und dazu weitgehend alle Mitarbeiter im Vertrieb einzubinden.

Es wurde deshalb ein phasenorientiertes Vorgehen, das so genannte balanceorientierte Vertriebscoaching, entwickelt, das die Berater vom bisherigen bloßen „Produkterklärer" hin zum lebensphasenorientierten, emotional agierenden „Finanzcoach" entwickelt, der neben Verkaufsmethodik und Persönlichkeit auch den entsprechenden Praxistransfer lebt. Folgende sechs Phasen sind für die Vertriebsoptimierung wichtig, um erfolgreiches Neuverhalten bei den Marktmitarbeitern zu implementieren.

▶ *Phase 1:* Erkennen von systemischen Einflussfaktoren, die den Transfer von neuem Verkaufsverhalten in der Praxis begünstigen bzw. erschweren.

► **Phase 2:** Einbindung aller Vertriebsmitarbeiter in die systematische Kundenansprache und Beratung im Rahmen von Vertriebscoaching für Kundenberater und Ansprachetraining für Servicemitarbeiter.

► **Phase 3:** Die Führungskraft als Coach der Mitarbeiter im Vertrieb.

► **Phase 4:** Das Team als Basis, um kraftvolle und erfolgreiche Kundenansprachen und Beratungen unter Berücksichtigung von gegenseitiger Toleranz und Unterstützung im Team aufzubauen und einen Verhaltenskodex zu entwickeln, der im Verhalten der täglichen Praxis gelebt wird.

► **Phase 5:** Sicherstellung von Transfer und Nachhaltigkeit der geleisteten Trainingsmaßnahmen.

► **Phase 6:** Die Evaluation oder was aus den gesamten Maßnahmen im Nachgang geworden ist.

Dieser phasenorientierte Vertriebsoptimierungsweg wird nachfolgend im Detail dargestellt.

Es gilt zunächst einen Blick auf die Organisation als Ganzes zu werfen, um Einflussfaktoren, die auf der Verkaufskultur bzw. die Mitarbeiter „unsichtbar" einwirken, sichtbar zu machen und so systemische Wirkzusammenhänge zu erkennen, die im Anschluss für Trainingsmaßnahmen positiv berücksichtigt werden können.

3. Systemische Einflussfaktoren und ihre Auswirkungen auf den Verkaufserfolg

„Man kann nicht in die Zukunft schauen, aber man kann den Grund für etwas Zukünftiges legen – denn Zukunft kann man bauen." (Antoine de Saint-Exupéry)

Was heißt das jetzt konkret? Kennen Sie die Bedeutung der richtigen Mannschaftsaufstellung im Fußball? Wissen Sie wie wichtig Netzwerkbeziehungen für den Markterfolg eines Unternehmens sein können? Wenn ja, dann sind Ihnen einige wichtige Grundprinzipien der systemischen Einflussgrößen geläufig.

„Gut aufgestellt" nennt man heute Unternehmen mit starker Marktposition ebenso wie Führungskräfte, die gekonntes Beziehungsmanagement betreiben. Hinter dieser Redensart verbirgt sich mehr als eine Modeerscheinung. Sie spiegelt ein Wissen um die Bedeutung von Netzwerkkonstellationen für den Erfolg oder Misserfolg unseres Handelns wider. Da dieses Wissen unbewusst ist, wird es bislang allerdings noch wenig genutzt. Damit fehlt ein wichtiges Navigationsinstrument, denn die Konstellationen, in die wir im Wirtschaftsleben eingebunden sind, sind keineswegs zufällig. Vielmehr unterliegen diese zwischenmenschlichen Systeme, die wir als Teams, Abteilungen, Unternehmen und Märkte kennen, bestimmten Gesetzen, von deren Beachtung oder Missachtung der Erfolg maßgeblich abhängt.

Um also den optimalen Transfer der Vertriebscoachingmaßnahmen sicherzustellen, ist es günstig mit einem neuen „Werkzeug", der systemischen Aufstellungsmethode, zu starten und zu sehen, an welchen Stellschrauben zu drehen ist, damit die Maßnahme ein Erfolg wird.

3.1 Die systemische Aufstellungsmethode

Mit der systemischen Aufstellungsmethode steht ein Werkzeug zur Verfügung, das komplexe Zusammenhänge und Wechselwirkungen auf einfache Weise abbilden kann. In weit verzweigten Netzwerken ebenso wie in überschaubaren Teams hilft sie darüber hinaus, Verwicklungen zu entwirren und Ressourcen in Hindernissen zu erkennen.

Aber wie jede neue Entwicklung ist auch diese mit einem Anspruch verbunden. Worin besteht dieser? Es wird eine Haltung der „inneren Demokratie" verlangt. Um von dieser Methode zu profitieren, müssen Sie Ihren logischen, rationalen Verstand als Alleinherrscher über Erkenntniswege, Problemlösungen und Innovation entmachten. Diese Methode ergänzt das Potenzial logischen Denkens und Analysierens um das verborgene Wissen und die versteckte Information, die im ganzen Organisationssystem bereits vorhanden ist.

Ähnlich wie das Internet eine Flut von Informationen zu konkreten Fragen enthält, gibt es auch in zwischenmenschlichen Systemen eine Art „unsichtbares Informationsfeld".

Und ähnlich wie wir die im Netz kursierenden Informationen nur nutzen können, wenn wir uns einwählen, wird auch das Wissen eines Organisationssystems erst durch ein bestimmtes Prozedere zugänglich. Für die „Einwahl" ins zwischenmenschliche System kommt allerdings hier einmal ganz gegen den Zeittrend, ein analoges Verfahren zum Einsatz: die Sprache symbolischer Bilder.

So liefert uns unser „systemisch ganzheitliches Wissen" unzählige unbewusste Informationen über die vielschichtigen Beziehungsgefüge der Organisation, in der wir arbeiten. Wir speichern sie in inneren Bildern, die im Rahmen einer Aufstellung in ein Raumbild übertragen und sichtbar gemacht werden können. Das Raumbild spiegelt unsere Wahrnehmung von der Situation wider. Es enthält die unbewussten Informationen, die wir über die Beziehungen, Hierarchien und Abhängigkeiten des Systems in uns tragen.

Mit der systemischen Aufstellung zapfen Sie das Informationsfeld ihres Unternehmenssystems an. Sie wählen sich in das Netzwerk ein, in dem alle relevanten Informationen über das Beziehungsgefüge im Unternehmen fließen.

Wie wirkt nun so ein Informationsfeld praktisch? Es wirkt unbewusst. Weil das Systemwissen inaktiv bleibt, also von den beteiligten Personen nicht bewusst genutzt wird, nehmen Sie es meist als „Ahnungen" oder „Bauchgefühle" wahr. So weiß etwa in einem Unternehmen z.B. der Vertriebsleiter nicht, was gerade zwischen dem Vertrieb und den Kunden abläuft, obwohl es ihn unmittelbar betrifft. Es beschleicht ihn aber vielleicht ein „ungutes Gefühl".

Was nützt es Ihnen nun konkret, das Informationsfeld in ihrem Unternehmen bewusst zu machen? Ebenso wie der Einblick ins eigene Unbewusste Menschen von manchem Ungemach befreien kann, so fördert auch die Erkenntnis systemischer Barrieren in einem Unternehmen die Entwicklung neuer Lösungen. Verschüttete Ressourcen werden freigesetzt und die tägliche Zusammenarbeit wird erleichtert.

Was passiert nun in einer Aufstellung? Da stehen sich z. B. zwei Menschen streitlustig gegenüber, die im wirklichen Leben scheinbar gut zusammenarbeiten. Im weiteren Verlauf der Aufstellung verdichtet sich der Eindruck, dass zwischen diesen Personen rein gar nichts stimmt.

Oder da steht einer, der im Arbeitsalltag vermeintlich hoch motiviert ist, ganz am Rand und wendet den anderen den Rücken zu. Im Laufe der Aufstellung erfahren wir, dass er innerlich gekündigt hat und sozusagen schon weg ist.

Solche und ähnliche Informationen, die sich meist schon ganz zu Anfang einer Aufstellung zeigen, sind den Auftraggebern meist nicht bewusst. Der Klient hätte sie uns im Vorgespräch nicht geben können, hätten wir ihn danach gefragt. Wie ist so etwas möglich? Und inwieweit kann der Wahrnehmung der Personen in einer Aufstellung vertraut werden, weicht sie doch von den „realen" Beobachtungen des täglichen Arbeitslebens oftmals stark ab?

Ganz offensichtlich gibt es so etwas wie ein ganzheitliches Wissen, das es uns ermöglicht, hochkomplexe Situationen auf einer Ebene wahrzunehmen, die über die „Tatsachen" weit, weit hinausgeht. Diese, uns bewusst nicht zugänglichen, Informationen über Beziehungen und Verhältnisse speichern wir in Form von inneren Bildern, von deren Existenz wir keine Ahnung haben, bis sie im Rahmen einer Aufstellung ans Tageslicht gebracht werden.

Die Menschen fast aller Kulturen speichern ihre Erlebnisse, Erfahrungen und Informationen in Bildern. Wir denken an unsere Kindheit und schon tauchen die Bilder unserer Familie oder eines bestimmten Erlebnisses aus dieser Zeit auf. Wir denken an unseren Arbeitsplatz, einen geliebten Menschen oder eine schwierige Situation und schon sehen wir die entsprechenden Bilder vor unserem geistigen Auge. Wir denken sogar in Bildern und wir träumen in Bildern. Man kann fast sagen, wir haben einen unendlichen Vorrat an bewusst abrufbaren, aber auch unbewusst vorhandenen inneren Bildern.

Damit nicht genug. Unsere inneren Bilder von uns und der Welt bestimmen auch unsere Gefühle und unser Verhalten. Wurden wir z.B. irgendwann einmal von einem Hund gebissen, taucht das innere Bild zu diesem Ereignis auf, immer wenn wir später einem anderen Hund begegnen. Bei besonders schlimmen Bildern und Erinnerungen kann das sogar panikartige Reaktionen auslösen Oder wir sehen ein vergangenes, sehr schönes Ereignis vor uns und schon geht es uns viel besser.

Das Aufstellungsbild wird so zum recht genauen Abbild der gegenwärtigen Problemsituation und der im System herrschenden Kräfte. Mit diesem Bild wird in der Aufstellung weiter gearbeitet.

Die Aufstellung ist also eine Methode, die das Potenzial der rechten Gehirnhälfte, die emotionale Intelligenz, nutzt. Sie erlaubt uns, der gegenwärtigen Wahrnehmung zu vertrauen und zu folgen. Dieses Vorgehen verlangt allerdings eine Umstellung in unsren Gewohnheiten, zeigen wir doch im beruflichen Kontext ein überwiegend von der linken Gehirnhälfte gesteuertes Verhalten, indem wir geplante Ergebnisse meist erst nach einer sorgfältigen Analyse in logischen Schritten, oftmals unter Einsatz von Zahlen, Daten oder anderen „harten Fakten" umsetzen.

Der Autor hat diese Methode im Rahmen des phasenorientierten Vorgehens für unterschiedliche Fragestellungen im praktischen Einsatz und ganz pragmatisch angewandt. Als Trainer und Berater hat er dabei die Erfahrung gemacht, dass diese innovative Methode geholfen hat, bei vielen Kunden Ziele zu klären, Perspektiven zu entwickeln und auch dort Lösungen zu finden, wo mit den klassischen Werkzeugen von Training, Beratung und Coaching allein nicht weiterzukommen gewesen wäre.

3.2 Anwendungsgebiete der systemischen Aufstellungsmethode

Die systemische Aufstellungsmethode eignet sich vom Grundsatz her für alle Problemsituationen in Unternehmen, die „chronisch" erscheinen und keine nachvollziehbaren Ursachen haben. Probleme also, die weder auf Organisations- oder Qualifikationsmängel, noch auf betriebswirtschaftliche Gründe zurückzuführen sind und sich eher unter dem Begriff „atmosphärische Störungen" einordnen lassen.

Kennzeichnend dafür sind z. B. wiederholte Trainingsmaßnahmen, die entweder keinen oder nur einen kurzfristigen Erfolg haben, dauerhafte Konflikte zwischen Mitarbeitern oder Abteilungen sowie übergreifende Motivations- und Führungsprobleme.

Dabei spielt die Größe einer Organisation oder eines Unternehmens keine Rolle. Aufstellungen können ausnahmslos jedes System abbilden, vom kleinen Team über die mittelständische Firma oder Bank bis hin zum Großkonzern. Sie können ein ganzes Unternehmen oder einzelne Teile davon genauso wie Filialen oder Abteilungen betrachten. Und sie können ebenso für jedes Mitglied des Systems durchgeführt werden. Gleichgültig auf welcher Hierarchieebene es sich befindet.

Denn während für die Geschäftsleitung die Aufstellung des ganzen Unternehmens notwendig sein kann, sind für den Mitarbeiter einer Abteilung Erkenntnisse über die dortigen Beziehungsstrukturen in der Regel völlig ausreichend. In der Aufstellungsarbeit ist der betrachtete Systemausschnitt deshalb meist dort zu Ende, wo der Einfluss des Systemmitglieds auf die Geschicke des Unternehmens endet.

Systemaufstellungen arbeiten in zwei Schwerpunktbereichen. Einerseits auf der Ebene des einzelnen Systemmitglieds und andererseits auf der Unternehmensebene. Auf der Ebene des einzelnen Systemmitglieds geht es im Wesentlichen darum, belastende berufliche Probleme und Konflikte zu lösen und dadurch neue Handlungsmöglichkeiten zu eröffnen. Das kann gegebenenfalls auch bedeuten, dass berufliche Konflikte auf systemische Störungen im Familiensystem zurückgeführt und dort bearbeitet werden. Auf der Unternehmensebene konzentriert sich die Aufstellungsarbeit auf die Frage, welche konkreten Handlungen und Ereignisse eines Systems eine Problemsituation auslösten und wie dies wieder behoben werden kann.

3.3   Voraussetzungen der Aufstellungsarbeit

Aufstellungen gehen von der Voraussetzung aus, dass Unternehmen als ganzheitliches System betrachtet werden. In diesen Systemen befinden sich die einzelnen Systemteile in einem vielschichtigen, ständigen Zusammenspiel.

Das Ziel einer Aufstellung ist es, ausgehend von einem vorliegenden Problem, die systemische Ursache des Problems und eine Lösung sichtbar zu machen.

Allerdings: Aufstellungen allein verändern gar nichts! Sie zeigen, worin die Lösung eines Problems besteht, aber sie lösen es nicht. Gelöst werden kann ein Problem nur in der täglichen Praxis. Dazu genügt in vielen Fällen eine Änderung der inneren Haltung, seltener ist eine reale Handlung erforderlich. Ob die Lösung angenommen wird, liegt allein in der Entscheidung desjenigen, für den die Aufstellung gemacht wird. Die Aufstellung ist nur ein Anstoß.

3.4 Die systemische Aufstellung in der Anwendung

Im Rahmen des balanceorientierten Vertriebscoachings geht der Autor nach dem Sechs-Phasen-Konzept bei seinen Kunden auf zwei Ebenen vor.

Bei der Arbeit mit Entscheidern wird ein Treffen an einem Ort außerhalb des Unternehmens (z. B. in einem Hotel) vereinbart, um dort in einem Seminarraum mit neutralen „Stellvertretern" an der Lösungsfindung zu arbeiten. Stellvertreter sind Personen, die in der Aufstellung die Systemmitglieder vertreten. Die Neutralität der Repräsentanten ist deshalb erforderlich, weil die „echten" Personen in der Situation der Aufstellung in ihren organisationsbedingten Gefühlen gefangen sind (Ängste, Loyalitäten usw.) und daher eine Lösungsfindung erschweren würden. Aus diesem Grund werden völlig fremde Personen (z. B. Studenten oder Kontaktpersonen aus branchenfremden Unternehmen) herangezogen, die den Klienten und seine Situation nicht kennen. Dadurch wird sichergestellt, dass die Repräsentanten in der Aufstellung offen und unbelastet sind, sich ganz auf die Systemdynamik einlassen und schnell in die Rollen einfühlen, die sie vertreten. Bisweilen geht die Übertragung sogar soweit, dass z. B. bekannte körperliche Symptomatiken eines Systemmitglieds gefühlt und ausgesprochen werden.

In diesem geschützten und anonymen Rahmen kann der Kunde ganz offen und ehrlich sein Anliegen formulieren, da kein tatsächlicher Kollege, Mitarbeiter oder Vorgesetzter anwesend ist und damit keinerlei Sanktionen oder Konsequenzen befürchtet werden müssen.

Aufstellungsarbeit ist auch Vertrauenssache, besonders dann, wenn sehr persönliche Themen berührt werden. Aufstellungen fördern manchmal unangenehme Wahrheiten und schmerzhafte Erkenntnisse zutage, die man ungern öffentlich bekannt machen möchte. Es gehört daher zu den Regeln der Aufstellungsarbeit, dass sowohl der Aufstellungsleiter/der Trainer als auch die Stellvertreter alle Informationen, die Rückschlüsse auf eine Person oder ein Unternehmen ermöglichen, vertraulich behandeln.

Für den Fall, dass eine Aufstellung mangels ausreichend vorhandener Stellvertreter nicht machbar ist (z. B. bei der Arbeit im Einzelcoaching, wenn mit Beratern an der Umsetzung von Trainingsmaßnahmen gearbeitet wird und sich dabei ein Thema kurzfristig ankündigt) gibt es eine weitere Möglichkeit, die Aufstellungsmethode zu praktizieren. Es werden so genannte „Bodenanker" als Platzhalter eingesetzt. Diese übernehmen die Rolle der Stellvertreter. Verwendet werden z. B. farbige Platten aus Pappe mit einer Einkerbung für die Blickrichtung. Durch das Austesten verschiedener Positionen und damit unterschiedlicher Sichtweisen kann der Klient ein neues Selbstverständnis für die Problemsituation bekommen.

Grundsätzlich sind beide Varianten (mit menschlichen Stellvertretern und Bodenankern) möglich und sinnvoll. Eine Entscheidung wird je nach den Rahmenbedingungen von Fall zu Fall getroffen. Im Folgenden stellen wir anhand eines Praxisbeispiels aus dem Bankenalltag die Aufstellungsvariante mit menschlichen Stellvertretern dar.

3.4.1 Ablauf einer Aufstellung

Eine Aufstellung erfolgt im Allgemeinen in folgenden Schritten:

1. Formulierung des Anliegens durch den Klienten (was er erreichen möchte) kurz und klar mit Hilfe des Trainers/Coach
2. Wahl der Systemebene (Unternehmen, Abteilung, Team...)
3. Auswahl von Stellvertretern für Personen, Themen oder Funktionen
4. Aufstellen der Stellvertreter durch den Klienten (d. h. der Klient führt die Stellvertreter intuitiv an einen ihm angemessen erscheinenden Platz im Raum)
5. Überprüfen der gestellten Konstellation durch den Aufstellenden
6. Befragen der Stellvertreter über ihre Wahrnehmung und ihre Befindlichkeit bezogen auf das Anliegen des Klienten
7. Überprüfen der Stimmigkeit des Feedbacks durch den Klienten (d. h. der Trainer befragt den Klienten nach den ersten Rückmeldungen, ob ihm etwas davon bekannt vorkommt)
8. Umstellen der Konstellation durch den Trainer/Coach, um der sich zeigenden Systemdynamik zu folgen und den Bewegungsimpulsen der Stellvertreter nachzugehen
9. Erneute Befragung der Stellvertreter über deren Befindlichkeit nach den Umstellungen
10. Gegebenenfalls weiteres Umstellen oder Prozessarbeit (Dialoge, "lösende Sätze") bis zur Lösungskonstellation/zum Lösungsbild

11. Nachvollziehen der Lösungskonstellation durch den Klienten selbst (nimmt den Platz seines Stellvertreters ein)

12. Überprüfen des Lösungsbildes anhand des Aufstellungsanliegens (die Lösung ist dann stimmig, wenn alle Stellvertreter bezogen auf das Anliegen einen guten Platz einnehmen und das auch so empfinden)

13. „Ankern" des Lösungsbildes beim Klienten als Anfang eines Lösungsprozesses im Alltag

14. Entlassen der Stellvertreter aus ihren Rollen, indem sie vom Klienten kurz berührt und mit ihrem „richtigen" Namen angesprochen werden

15. Nachbesprechung, ergänzende Feedbacks aus den Rollen

3.4.2 Die systemische Aufstellung – ein Beispiel aus der Praxis

Im Zuge der Vertriebsoptimierung bei einer genossenschaftlichen Bank wurden mit dem Vertriebsleiter folgende Probleme herausgearbeitet, die es zu beleuchten galt, um den Erfolg der Gesamtmaßnahme nicht von Anfang an in Frage zu stellen.

Bisherige Trainingsmaßnahmen zur Beratungsoptimierung zeigten keinen nachhaltigen Effekt. Trotz guter Vorsätze und Engagement bei diesen Maßnahmen wurde über die Jahre jedoch kein lang anhaltender Lerntransfer in der Praxis erreicht.

Der Vertriebsleiter beklagte sich darüber hinaus, dass er oftmals das Gefühl habe, nicht von allen seinen Mitarbeitern im Markt gehört und ernst genommen zu werden.

Für die Lösung seines Problems wurde dem Vertriebsleiter die Methode der systemischen Aufstellung vorgestellt.

Unter Anwesenheit aller eingeladenen Stellvertreter im Seminarraum wurde dann nochmals detailliert im Dialog mit dem Trainer an seiner Zielformulierung für die Aufstellung gearbeitet.

Ausgangspunkt jeder Aufstellung ist stets ein klares Anliegen (siehe Punkt 1 unter „Ablauf einer Aufstellung"). Das Anliegen umreißt das Problem, bestimmt den zu betrachtenden Systemausschnitt und legt fest, welche Personen oder Dinge einzubeziehen sind. Folgende Merkmale sind für die Auftragsklärung günstig:

▶ Je knapper und eindeutiger ein Anliegen formuliert ist, desto klarer wird das, worum es dem Klienten geht.

▶ Das Anliegen muss im Zuständigkeitsbereich des Kunden liegen. Der Klient muss also Einfluss auf das Problem und dessen Lösung haben.

▶ Bei der Formulierung des Anliegens ist es ebenso wichtig, dass es hierbei nicht um die Befriedigung von Neugierde gehen kann, sondern dass der Kunde auch einen entsprechenden „Leidensdruck" verspüren muss. Das heißt durch die Erarbeitung einer Lösung muss er spüren, dass ihm dieser Druck genommen wird und er emotional frei und gelassen wieder an seine tägliche Arbeit gehen kann.

▶ Sinnvoll ist es, pro Aufstellung maximal eine Fragestellung zu bearbeiten, um sich nicht zu verzetteln und die Stellvertreter ebenso wenig wie den Klienten mit der „Verarbeitung" des Gezeigten zu überfordern.

Im Dialog mit dem Vertriebsleiter wurde folgendes Anliegen als für ihn wichtigstes formuliert: „Was müssen wir beachten, damit der Seminartransfer nachhaltig von den Mitarbeitern gelebt wird, sodass die Kundenpotenziale der Bank genutzt werden?"

Der Kunde sollte den Satz mehrfach wiederholen. Dabei wurde auch durch die Körpersprache der Leidensdruck signalisiert (z. B. seufzte der Kunde dabei, was auf den erwähnten Leidensdruck schließen lässt).

Weiterhin war wichtig, dass das Anliegen nicht problemorientiert (z. B. etwas fehlt oder jemand hat Schuld), sondern lösungsorientiert formuliert wurde (z. B. Was hilft? Was ist jetzt notwendig, damit es gut weitergeht?).

Nachdem diese wichtige Vorarbeit geleistet war, ging es um die Wahl der Systemebene (siehe Punkt 2 unter „Ablauf einer Aufstellung"). Hier war dem Kunden klar, dass das „Unternehmen Bank" als Ganzes Einfluss auf die Lösung hat. Deshalb würde sich die Aufstellung auch in diesem Rahmen bewegen.

Aufgabe des Vertriebsleiters war es nun zu benennen, wer oder was genau auf dieser Ebene aus seiner Vermutung für die Lösungsfindung eine Rolle spielt. Anschließend bekam der Klient den Auftrag, für jede an der Aufstellung beteiligte

Person oder Funktion einen der anwesenden Stellvertreter auszuwählen (siehe Punkt 3 unter „Ablauf einer Aufstellung"). Der Vertriebsleiter wählte folgende Beteiligte, die für sein Anliegen wichtig erscheinen:

- Der Vertriebsleiter, er selbst (in der Fachsprache Fokus) - ein Stellvertreter
- Der Marktvorstand - ein Stellvertreter
- Die Berater - ein Stellvertreter
- Der Innenbetrieb - ein Stellvertreter
- Die Kunden - ein Stellvertreter

Wichtig war es, dass der Klient auch für sich selbst einen Stellvertreter auswählte. Diese Außenperspektive ermöglicht ihm einen größeren Abstand zum Geschehen und es wird vermieden, dass in der Aufstellung die im Alltag praktizierten Muster wiederholt werden, die doch nur ein Ausdruck des Problems sind.

Das Anliegen und die für die einzelnen Funktionen ausgewählten Stellvertreter wurden am Flipchart festgehalten. Im Anschluss wurde der Kunde nochmals interviewt, ob das Anliegen nach wie vor treffend formuliert ist und ob die entscheidenden Stellvertreter ausgewählt sind. Nachdem dies vom Vertriebsleiter bestätigt worden war (heftiges Nicken und Atmen in der Hoffnung auf eine Lösung), konnte es weitergehen.

Der Vertriebsleiter musste danach die ausgewählten Stellvertreter so im Raum zueinander in Beziehung stellen, wie es ihm im Moment und angesichts des Problems „aus dem Bauch heraus" richtig erschien (siehe Punkt 4 unter „Ablauf einer Aufstellung).

Der Klient folgt dabei ganz seinem inneren Bild von der Situation und führt die Stellvertreter intuitiv, seinem spontanen Gefühl folgend, an den gemäßen Platz. Dabei konzentriert er sich innerlich gesammelt ganz auf sein Anliegen und sein momentanes Empfinden. Ebenso werden auch die Stellvertreter gebeten, sich zu sammeln und in die Positionen, die sie einzunehmen haben, einzufühlen. So entsteht ein plakatives Raumbild, das das eigene innere Bild des Vertriebsleiters vom Beziehungsgefüge in der Bank nach außen widerspiegelt. Die in unserem Beispiel entstandene Konstellation, in die der Vertriebsleiter die Stellvertreter im Raum aufgestellt hat, das „Istbild", sieht nun folgendermaßen aus:

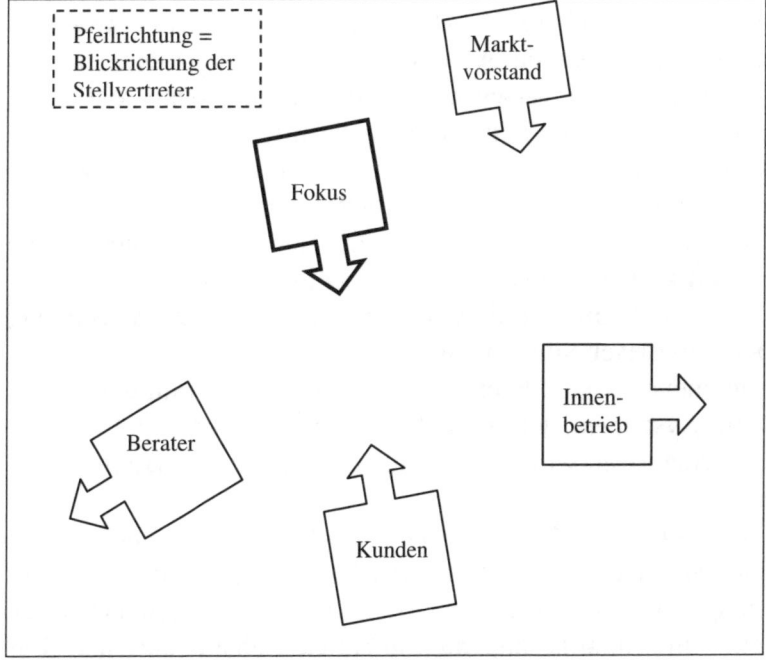

Quelle: praktisches Beispiel aus einer betreuten Bank

Abbildung 3: Aufstellungsbild 1 (Istbild)

Der Vertriebsleiter wird nun gebeten, sich einen Platz im Raum zu suchen, von wo aus er sich in aller Ruhe das „Aufstellungsbild" ansehen und den weiteren Entwicklungsprozess der Aufstellung beobachten kann. Nachdem er seinen Platz eingenommen hat, wird er befragt, ob das jetzt aufgestellte Bild für ihn stimmig ist oder ob er noch Veränderungen vornehmen möchte (siehe Schritt 5 unter „Ablauf einer Aufstellung). Nach einigen Sekunden bekräftigt der Klient, dass es für ihn so in Ordnung ist.

Die Stellvertreter bekommen jetzt noch etwas Zeit sich in die Rollen einzuspüren bzw. einzufühlen. Der Trainer hilft ihnen dabei, indem er sie auffordert, sich nochmals der jeweiligen Rolle als Fokus, als Marktvorstand, als Berater, als Innenbetrieb und als Kunde bewusst zu sein, darauf zu achten, dass die Arme nicht verschränkt sind, sondern locker links und rechts nach unten hängen, zu spüren, wie sie stehen und zu schauen, was es um sie herum wahrzunehmen gibt, welche inneren Gedanken und Bilder gegebenenfalls in ihnen hochsteigen oder sich einfach nur Zeit zu nehmen, sich in die jeweilige Rolle sinken zu lassen. Zusätzliche Informationen an die Stellvertreter über die Personen, die sie repräsentieren, sind an dieser Stelle nicht erforderlich, da sich die – im Alltag meist nicht erkennbaren Dynamiken – unmittelbar aus dem System in der Aufstellung ergeben. Personenbezogene Informationen würden die Stellvertreter nur verwirren.

Nach einigen Minuten geben die Stellvertreter nonverbale Signale: Der Stellvertreter der Berater lässt die Schultern hängen und schaut in die Ferne. Der Fokus hat seinen Blick starr auf einen Punkt über die Kunden hinaus gerichtet. Der Stellvertreter für den Marktvorstand wirkt sehr präsent und locker und blickt abwechselnd leicht lächelnd auf den Fokus und auf den Stellvertreter für den Innenbetrieb. Der wiederum steht etwas nach vorne gebeugt da mit Blickrichtung nach außen in die Ferne.

Der Trainer lässt dieses Bild, ohne zu sprechen, noch etwas auf den beobachtenden Vertriebsleiter einwirken und beginnt dann mit der Befragung der Stellvertreter (siehe Punkt 6 unter „Ablauf einer Aufstellung").

Und was merkwürdig began, wird nun vollends mysteriös. Obwohl niemand von den Stellvertretern die Bank, um die es geht, kennt, können sie sehr genau sagen, wie es ihnen an dem jeweiligen Platz geht. Sie haben unterschiedliche Körperempfindungen und Gefühle, Gedanken und Bilder gehen ihnen durch den Kopf. Ihnen ist kalt oder heiß, die Arme sind schwer, die Beine fühlen sich an wie „einbetoniert". Manche fühlen sich überdimensional groß, andere dagegen schauen in die Ferne und sehen trotzdem nichts usw. Diese Regungen sind keine Phantasieprodukte und spielen sich nicht im Kopf ab. Sie sind vielmehr den Stellvertretern meist überdeutlich anzusehen.

Jeder Platz in der Aufstellung hat seine ganz eigene Kraft. Das Raumbild als Abbild der Problemsituation wird also lebendig. Es entwickelt eine eigene Dynamik, die Dynamik des aufgestellten Systems, die von den Stellvertretern wahrgenommen wird. Und indem sie sich ihr aussetzen, werden sie in gewisser Weise selbst das System. So bekommen sie Zugang zu dem Wissen und den Gefühlen der Personen oder Funktionen, die sie darstellen. Das heißt natürlich nicht, dass sie tatsächlich alles über diese Personen bzw. Funktionen wissen. Aber sie wissen, was es bezogen auf das Problem an Wissenswertem gibt. Sie entwickeln Einstellungen, Verhaltensweisen und Gefühle, die nicht ihre eigenen sind, sondern zu der Person gehören, die sie darstellen. Zu einer Person also, die sie gar nicht kennen und über die ihnen auch niemand etwas erzählt hat. Das ist unglaublich, aber wahr!

So gab es bei einer anderen vom Autor geleiteten Aufstellung beispielsweise zu erleben, dass ein Stellvertreter grundlos begonnen hatte, zu schreien und immer lauter wurde. Dem Stellvertreter wurde hinterher bestätigt, dass er für eine Person stand, die auf qualvolle Weise erstickt ist.

Ein anderer Stellvertreter behauptete, mit einer Kollegin in der Aufstellung ein Verhältnis zu haben und deren Stellvertreterin behauptet dasselbe. Am Ende stellte sich heraus, dass beide Personen in der Realität seit einem Jahr eine heimliche Beziehung pflegten.

Nicht immer ist das, was Stellvertreter zurückmelden, derart erstaunlich und einprägsam. Es zeigt sich aber, dass sie in der Aufstellung verblüffend genaue Einsichten in die Situation eines ihnen völlig fremden Systems bekommen. Es sind nicht unbedingt absolute und in Worte fassbare Wahrheiten, die sie erkennen. Eher nehmen sie starke Energien wahr, die im System existieren. Bis heute ist nicht eindeutig erklärbar, wie es dazu kommt. Es ist ein Phänomen, das unter Wissenschaftlern „wissendes Feld" oder „morphogenetisches Feld" genannt wird. Es ist ebenso unerklärlich wie andere Phänomene auch (z. B. wie ein großer Zugvogelschwarm am Himmel, wie von Geisterhand gesteuert im Bruchteil einer Sekunde synchron die Richtung wechselt). Doch wie heißt es so schön? Wer heilt, hat Recht. Egal, ob er die logische Begründung dafür kennt oder nicht.

Die Quantenphysik ist reich an derartigen Erscheinungen. *Alain Aspect* bewies z.B. „Bell´s Theroem", wonach, wenn zwei korrelierende Partikel mit entgegen gesetztem Spin (Eigendrehimpuls) auseinander fliegen, die Veränderung des Spins eines Partikels augenblicklich eine Änderung beim anderen Partikel bewirkt, auch wenn sich dieses Teilchen am anderen Ende der Welt befindet. Woher weiß der eine Spin vom anderen?

Experimente an der Universität Berkely haben gezeigt, dass Teilchen, die mit einer Geschwindigkeit von bis zu 500.000 km pro Sekunde, also schneller als Lichtgeschwindigkeit, auf ein undurchdringliches Hindernis geschossen werden, dieses Hindernis durchdringen können und auf der anderen Seite diesen Weg fortsetzen. Dieser Vorgang wird „Tunneln" genannt.

Deutschen Wissenschaftlern ist es gelungen, nicht nur einzelne Teilchen, sondern eine komplexe Informationsstruktur, nämlich eine Melodie von Mozart, zu tunneln. Hinter dem Hindernis, das wohlgemerkt nach menschlichem Ermessen undurchdringlich ist, war schwach und rauschend diese Melodie zu hören.

Und was soll man von *Rupert Sheldrake´s* Beschreibungen von „morphogenetischen Feldern" halten, die formgebend auf Materie wirken? Es lässt sich für die Zukunft vielleicht hoffen, dass Physik und Biologie neue Erklärungsmodelle für diese Art der Informationsübertragung, der „Fernwirkungen", bereitstellen, die wir als Phänomene in Aufstellungen jederzeit erleben und erzeugen kennen.

Wenden wir uns wieder unserem Aufstellungsbild zu. Es findet nun die Befragung der Stellvertreter statt. Wir beginnen mit dem Stellvertreter des Vertriebsleiters (Fokus).

Trainer: „Stellvertreter für den Fokus, wie geht es Ihnen an diesem Platz?"

Stellvertreter Fokus: „Ich weiß nicht so recht. Ich stehe hier ganz fest und starr und ich blicke in Richtung der Kunden, schaue aber über den Kopf des Stellvertreters hinweg. Mir ist, als ob ich eine Last auf den Schultern trage und mir gehen Sätze durch den Kopf wie z. B. „Es ist schwer…das wird sowieso wieder alles an mir hängen bleiben…" Mir geht es auf diesem Platz gar nicht gut!"

Trainer: „O. k." *(mit Blick auf den außen sitzenden und beobachtenden Vertriebsleiter)*

Trainer *(zum Vertriebsleiter)*: „Kommt Ihnen die Reaktion Ihres Stellvertreters bekannt vor?"

Vertriebsleiter: „Also, zunächst mal, wenn ich mir das Bild so von außen so anschaue, fällt mir auf, dass sich der Stellvertreter für die Berater und der Stellvertreter für den Innenbetrieb überhaupt nicht sehen können, dass auch die Kunden nicht richtig im Blickfeld der Berater stehen, während der Marktvorstand meinem Stellvertreter ziemlich im Nacken sitzt und dabei anscheinend auch noch mächtig amüsiert ist. Da macht ja wirklich jeder, was er will! Kein Wunder, dass die bisherigen Trainingskonzepte bei dem ganzen Durcheinander nicht gegriffen haben! Zu Ihrer Frage, ob mir das Gesagte von meinem Stellvertreter bekannt vorkommt, muss ich sagen – ja, das kann ich zu hundert Prozent unterschreiben. Mir geht es auch oft so, dass ich mich fühle, als ob alle Verantwortung für den Markterfolg nur bei mir liegt und oftmals fühle ich mich einfach allein und wie festgefahren. Auch kostet mich meine Tätigkeit im Alltag eine Menge Energie und Kraft, sodass ich am Abend richtig erledigt bin. Bemerkenswert, ich kann die Aussagen des Stellvertreters gut nachvollziehen."

Trainer: „Gut, dann machen wir mal mit der Befragung der anderen Stellvertreter weiter. Stellvertreter für den Innenbetrieb, wie geht es Ihnen auf Ihrem Platz?"

Stellvertreter Innenbetrieb: „Ach ja, ich mache halt so meinen Job, fühle mich klein schaue in die Ferne. Ich bin etwas traurig darüber, dass ich keine Rolle spiele. Keiner sieht mich und ich blicke nach ganz draußen."

Trainer: „Nach draußen?"

Stellvertreter Innenbetrieb: „Ja, ich orientiere mich so für mich. Da *(zeigt hinter sich)* gehöre ich eigentlich gar nicht mehr richtig dazu. Ich überlege, was ich in Zukunft machen könnte. Es geht mir an dem Platz nicht gut. Ich fühle mich überflüssig und nicht gebraucht!"

Trainer: „Können Sie es in der Position noch aushalten?"

Stellvertreter Innenbetrieb: „Ja, ich werde nur immer müder. Aber etwas geht es schon noch."

Trainer: „Wie geht es dem Stellvertreter der Berater?"

Stellvertreter Berater: „Na ja, irgendwie ganz gut. Ich habe einen Blick in die Weite, sehe so halb links von mir die Kunden. Aber in erster Linie geht es um mich. Ich kann machen, was ich will. Ich weiß zwar nicht genau, was ich machen soll, aber soweit ist die Position nicht unangenehm, nur vielleicht etwas neutral und ohne Power."

Trainer: „Aha!" *(mit Blick auf den außen sitzenden Vertriebsleiter)*

Der Vertriebsleiter schüttelt nur den Kopf und wirkt sehr nachdenklich und betroffen.

Trainer: „Wie ist es für den Stellvertreter des Marktvorstandes an seinem Platz?"

Stellvertreter Marktvorstand: „Ich fühle mich stark und habe alles im Blick, amüsiere mich irgendwie etwas über das Ganze und denke, der Vertriebsleiter wird das schon machen. Mich stört, dass die alle so herumstehen und so frustriert und gelangweilt wirken. Ich wundere mich, dass der Innenbetrieb keinen Blickkontakt zu den Beratern hat und dass die Berater nur einen eingeschränkten Blickkontakt zu den Kunden haben. Merkwürdig!"

Trainer: „O. k. Dann kommen wir zu den Kunden. Wie geht es dem Stellvertreter an seinem Platz?"

Stellvertreter Kunden: „Ich fühle mich hier wichtig und mir geht es gut. Ich kann jeden sehen und hege Sympathie und Wohlwollen für alle. Mich stört nur, dass die Berater mich nicht wirklich anschauen. Dabei wäre mir das sehr wichtig!"

Nachdem nun alle Stellvertreter in der ersten Runde nach ihrer Befindlichkeit befragt wurden, bitten wir den Vertriebsleiter dieses erste Feedback zu kommentieren (siehe Punkt 7 unter „Ablauf einer Aufstellung").

Trainer: „Kommt Ihnen etwas von dem Gehörten bekannt vor? Und wie geht es Ihnen, wenn Sie hören, was die Stellvertreter sagen?"

Vertriebsleiter: „Tja, irgendwie bin ich schon etwas verwirrt. Es verwundert mich immer noch, wie diese Personen, die ja für mich wildfremd sind und weder mich noch meine Bank kennen, zum Teil so treffgenau sagen können, wie es z. B. mir geht. Und auch die Aussagen des Stellvertreters der Berater trifft so ziemlich genau meinen Eindruck, den ich vom Verhalten der Berater im Alltag habe. Die Aussagen vom Stellvertreter Marktvorstand kann ich nicht nachvollziehen und auch mit der Aussage des Stellvertreters Innenbetrieb ist es so, dass ich in der Praxis eher Gegenteiliges wahrnehme. Hier wirkt der Stellvertreter Innenbetrieb klein und auch die Aussagen klingen eher negativ. Im Alltag erlebe ich in unserer Bank den Innenbetrieb machtvoll und im Umgang mit dem Markt immer wieder mal mit erhobenem Zeigefinger an die Vorschriften erinnernd. Merkwürdig!"

Trainer: „O. k. Dann schauen wir mal, wie es weitergeht."
(Der Trainer wendet sich an die immer noch an ihren „aufgestellten Plätzen" stehenden Stellvertreter) „Gibt es einen Bewegungsimpuls bei jemandem von Ihnen?"

Stellvertreter Fokus: „Ja, bei mir! Ich stehe hier immer noch wie festgenagelt. Ich würde mich gerne mal etwas nach hinten begeben, um alles besser im Blickfeld zu haben."

Trainer: „Dann geben Sie Ihrem Impuls bitte nach und gehen Sie auf den Platz, der für Sie jetzt stimmig ist."

Der Stellvertreter des Fokus bewegt sich langsam, um sich blickend, zwei, drei Schritte nach hinten, bis er den richtigen Platz gefunden hat.

Trainer: „Ist es in Ordnung, wo Sie jetzt stehen?"

Stellvertreter Fokus: „Ja, der Platz ist besser als der vorherige!"

Trainer *(zu den anderen Stellvertretern)*: „Gibt es noch einen Bewegungsimpuls?"

Stellvertreter Marktvorstand: „Ja! Seit der Stellvertreter Fokus jetzt fast neben mir steht, ist mir das an meinen Platz unangenehm geworden! Ich will hier wieder mehr allein sein und ungestörter alles im Blick haben. Ich stelle mich hier weiter nach außen. Ja genau, so passt es mir wieder eher."

Trainer: „Gibt es sonst noch jemanden, der sich verändern möchte?"

Alle weitern Stellvertreter verneinen und bleiben auf ihren Positionen stehen. Es ergibt sich folgende neue Konstellation (siehe Abbildung 4).

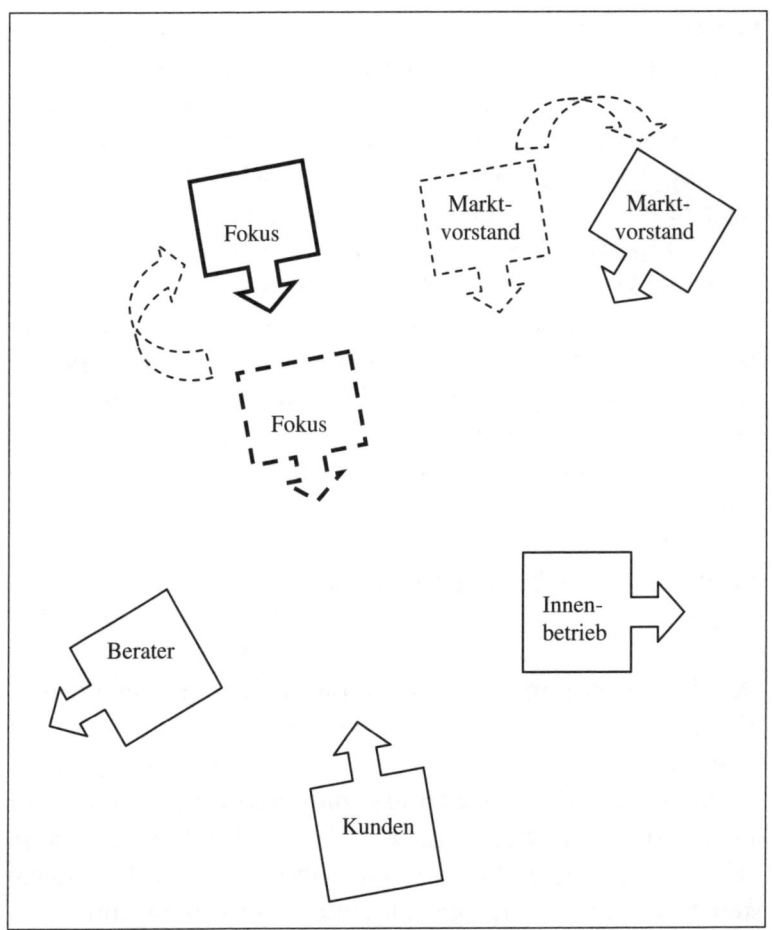

Quelle: praktisches Beispiel aus einer betreuten Bank

Abbildung 4: Aufstellungsbild 2 (nach erster Umstellung)

Trainer *(zum Vertriebsleiter)*: „Sagt Ihnen dieses neue Bild etwas?"

Vertriebsleiter: „Also, irgendwie wirkt das Ganze recht zwiespältig auf mich. Das bedeutet, alle gehören zwar zusammen, aber irgendwie macht doch jeder, was er will! Das erinnert mich wieder an den Alltag. Wir hatten schon so viele Trainings durchgeführt und richtig viel Geld ausgegeben. Aber wenn es um die Nachhaltigkeit dieser Maßnahmen ging, verpuffte alles in alle Himmelsrichtungen in unserer Bank. So kommt mir das Aufstellungsbild jetzt gerade auch vor. Wie ein auseinander klaffender Stern mit seinen Zacken! Sagenhaft, so empfinde ich es auch bei uns! Und bei den Voraussetzungen kann ja nichts von dem Gelernten anhaltend in der Praxis umgesetzt werden. Das ist alles chaotisch, alles driftet irgendwie auseinander....da ist gar kein Zug drin!"

Trainer: „Verstehe. Ich möchte jetzt gerne mal etwas ausprobieren."

Der Trainer nimmt nun einige Umstellungen in der Positionierung der Stellvertreter vor (siehe Schritt 8 unter „Ablauf einer Aufstellung"). Er geht auf den Stellvertreter der Berater zu und dreht ihn in Richtung zum Fokus. Ebenso dreht er auch den Stellvertreter Innenbetrieb in Blickrichtung zum Fokus. Alle anderen Stellvertreter lässt er auf den Positionen stehen. Es ergibt sich folgendes neues Aufstellungsbild (siehe Abbildung 5).

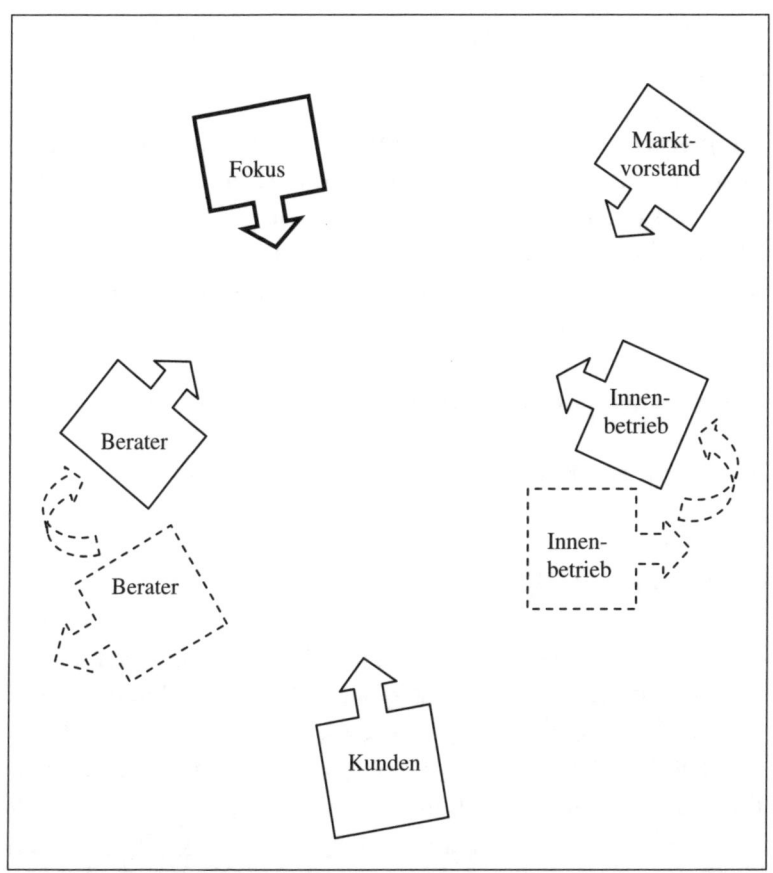

Quelle: praktisches Beispiel aus einer betreuten Bank

Abbildung 5: Aufstellungsbild 3 (nach zweiter Umstellung)

Im Anschluss befragt der Trainer alle Stellvertreter nach Veränderungen in ihrer Wahrnehmung (siehe Schritt 9 unter „Ablauf einer Aufstellung").

Trainer: „Wie ist es jetzt? Für wen hat sich mit der Umstellung etwas verändert?"

Stellvertreter Berater: „Für mich! Vorher auf meiner alten Position war es o.k. Jetzt wird es schwerer und unangenehmer, wenn ich den Fokus anblicke! Je länger ich auf den Fokus schaue, desto mehr Wut kommt bei mir hoch. Und ich schwanke und werde zunehmend müder. Am liebsten würde ich mich hinsetzen."

Trainer: „Geht es noch ein bisschen?"

Stellvertreter Berater: „Ja, es geht gerade noch so."

Trainer *(zum Stellvertreter Fokus)*: „Ich sehe, Sie schwanken hin und her! Was ist mit Ihnen?"

Stellvertreter Fokus: „Als der Stellvertreter der Berater zu sprechen begann, wurde mir ganz kalt, und ich hatte feuchte Hände. Mein rechter Arm tut auch etwas weh. Mir geht es seit der Umstellung eben wesentlich schlechter an meinem Platz und ich will einfach nur weg!"

Trainer: „O.k. Können Sie es noch einen kleinen Augenblick so aushalten?"

Stellvertreter Fokus: „Ja, etwas geht es schon noch."

Trainer *(zum Stellvertreter Marktvorstand)*: „Tut sich bei Ihnen auch etwas, wenn Sie das alles hören?"

Stellvertreter Marktvorstand: „Also ich weiß gar nicht, was die alle haben!" *(schaut dabei genervt in Richtung Fo-*

kus und Berater) „Die sollen zusammenarbeiten, ihre Hausaufgaben machen und hier nicht so rumhängen! Ich kann das alles wirklich nicht verstehen!"

Trainer: „Aha! Und wie geht es jetzt dem Stellvertreter für die Kunden?"

Stellvertreter Kunden: „So langsam werde ich hier auch unruhig. Mir geht es zwar noch einigermaßen gut hier auf meinem Platz. Aber ich habe so das Gefühl, dass es hier gar nicht mehr um mich geht. Die beiden (zeigt auf Fokus und Berater) haben genug mit sich zu tun und sehen mich ja gar nicht mehr. Das lasse ich mir auf Dauer nicht gefallen! Wenn sich da nicht bald etwas ändert, bin ich weg!"

Trainer: „Was ist beim Stellvertreter für den Innenbetrieb passiert?"

Stellvertreter Innenbetrieb: „Na ja, wenn ich mich jetzt so umschaue, geht es mir besser als vorhin. Jetzt gehöre ich wenigstens wieder dazu. Aber mit mir hat das alles nichts zu tun."

Trainer *(zum Vertriebsleiter)*: „So wie sich das alles darstellt, gibt es Klärungsbedarf zwischen dem Fokus und den Beratern. Dem sollten wir nachgehen."

Der Trainer nimmt eine weitere Umstellung vor (siehe Punkt 10 unter „Ablauf einer Aufstellung") und stellt die Berater direkt dem Fokus gegenüber.

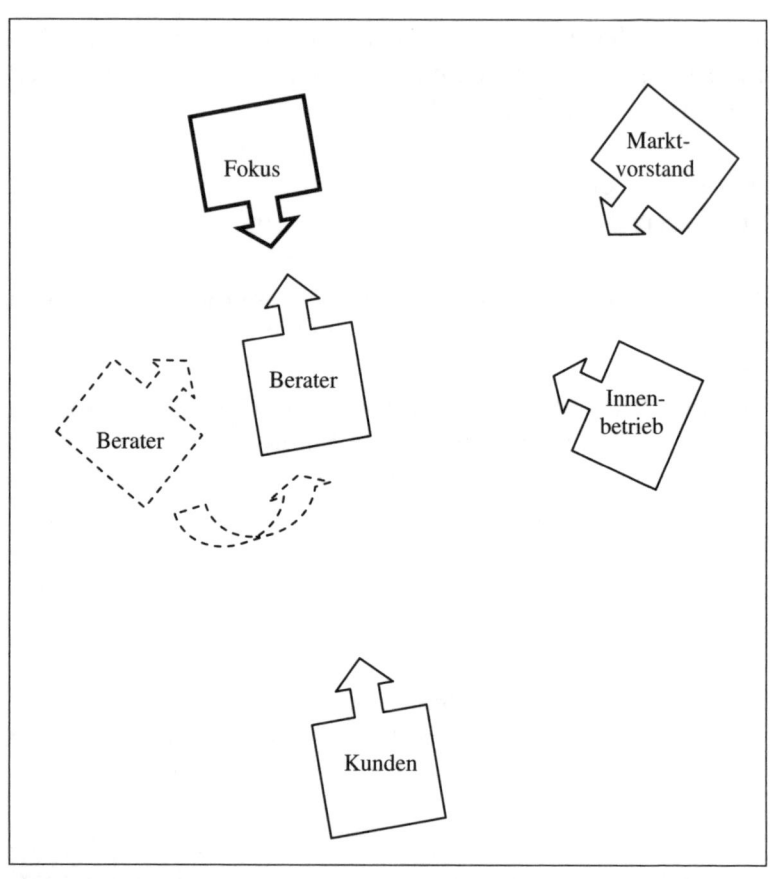

Quelle: praktisches Beispiel aus einer betreuten Bank

Abbildung 6: Aufstellungsbild 4 (nach dritter Umstellung)

Trainer *(wendet sich zu den Stellvertretern des Beraters und des Fokus)*: „Blicken Sie sich in die Augen und lassen Sie sich Zeit!"

Trainer *(nach ein paar Minuten zum Fokus)*: „Was ist jetzt bei Ihnen?"

Stellvertreter Fokus: „Ich weiß gar nicht, was los ist. Ich fühle mich total schwach und klein. Mein Gegenüber ist größer und mächtiger als ich und ich habe das Gefühl, der nimmt mich auch nicht ernst!"

Stellvertreter der Berater: „Ja, das stimmt! Ich bin größer und stärker als er. Wenn ich ihn so sehe, kann ich ihn nicht ernst nehmen. Ich bin hier der Boss!!" *(stemmt demonstrativ seine Hände in die Hüften)*

Trainer *(zum Stellvertreter der Berater)*: „Ich möchte Sie bitten, dem Fokus zu sagen: ‚Wir machen hier Ihren Job und das stinkt uns'!"

Trainer *(zum Stellvertreter der Berater, nachdem er den Satz wiederholt hat)*: „Stimmt das?"

Stellvertreter der Berater: „Ja das stimmt! Ständig jammert er, dass wir dieses und jenes nicht machen! Dabei haben wir doch schon genug zu tun!! Was sollen wir noch alles machen?!"

Trainer *(zum Stellvertreter Fokus)*: „Wie kommt das bei Ihnen an?"

Stellvertreter Fokus: „Irgendwie habe ich das Gefühl, da fehlt was!"

Trainer: „Was fehlt Ihnen?"

Stellvertreter Fokus: „Der Ernst! Ich habe den Eindruck, das gefällt denen!"

Trainer *(zum Stellvertreter der Berater)*: „Sagen Sie dem Fokus mal: ‚Ich fühle mich allein gelassen und mir fehlt die Richtung'."

Stellvertreter der Berater: zögert...

Trainer: „Können Sie den Satz sagen? Prüfen Sie, ob er innerlich für Sie stimmt!"

Stellvertreter der Berater *(mit schwacher und weicher Stimme)*: „Ja, das stimmt!"

Trainer *(zum Stellvertreter Fokus)*: „Kommt das bei Ihnen an?"

Stellvertreter Fokus: „Ja, ich spüre das jetzt." *(schluckt dabei)*

Trainer: „Sagen Sie den Beratern: ‚Es tut mir leid, dass Ihr meinen Job mitmachen musstet und ich Euch allein gelassen habe'."

Trainer: „Ist der Satz für Sie stimmig?"

Stellvertreter Fokus: „Ja, es tut mir wirklich leid." *(sichtlich bewegt)*

Trainer *(zum Stellvertreter der Berater)*: „Wie ist das, wenn Sie das hören? Kommt das an?"

Stellvertreter der Berater: „Es kommt an, ja! Ich sehe jetzt zum ersten Mal sein Gesicht und seine Augen. Beides war vorher richtig ausgeblendet."

Trainer *(gibt dem Stellvertreter der Berater einen großen Stein in die Hand)*: „Das symbolisiert die Verantwortung, die Sie getragen haben und die nicht die Ihre war. Geben Sie dem Fokus diese Verantwortung jetzt zurück und sagen Sie ihm mit Achtung: 'Das habe ich für Sie getragen. Aber es ist zu schwer für mich. Ich gebe es jetzt dahin zurück, wo es hingehört'."

Stellvertreter der Berater: übergibt den Stein an den Fokus mit diesen Worten.

Trainer *(zum Stellvertreter Fokus)*: „Wie ist es, wenn Sie das hören und den Stein jetzt in der Hand halten?"

Stellvertreter Fokus *(atmet tief durch)*: „Ja, es stimmt. Das gehört zu mir."

Trainer: „Sagen Sie den Beratern: ‚Das lasse ich jetzt bei mir. Ihr habt damit nichts zu tun'."

Trainer *(zum Stellvertreter der Berater)*: „Wie hört sich das an, wenn der Fokus das sagt?"

Stellvertreter der Berater *(seufzt)*: „Jetzt fühle ich mich leicht und fei. Ein schönes Gefühl!"

Trainer: „Gut, dann ergänzen Sie bitte noch: ‚Ich bin Ihr Mitarbeiter, und Sie sind der Vertriebsleiter, mein Chef. In Ihrer Funktion achte ich Sie'."

Trainer: „Stimmt das, wenn Sie es sagen?"

Stellvertreter der Berater: „Das stimmt und es ist gut so."

Trainer *(zum Stellvertreter Fokus)*: „Kommt es bei Ihnen an?"

Stellvertreter Fokus: „Ja – und es tut mir sehr gut, das zu hören." *(holt tief Luft dabei)*

Trainer: „Sagen Sie den Beratern bitte: ‚Ich sehe Sie jetzt als meine Mitarbeiter'."

Stellvertreter der Berater *(antwortet spontan auf diese Worte des Fokus)*: „Und ich Sie als meinen Chef, der sagt, wo es lang geht!"

Trainer *(zu beiden Stellvertretern)*: „Wie geht es Ihnen jetzt?"

Stellvertreter Fokus: „Ich fühle mich stark und stabil und blicke der künftigen Zusammenarbeit mit den Beratern positiv entgegen."

Stellvertreter der Berater: „Ich fühle mich jetzt kleiner, aber frei und leicht, und es geht mir sehr gut an meinem Platz. Ich freue mich jetzt auch auf die Umsetzung unserer nächsten Aufgaben."

Trainer: „Schön, dann haben wir das zwischen Ihnen beiden geklärt. Ich würde jetzt gern eine abschließende Ordnung herstellen und Sie alle bitten, die Plätze einzunehmen, die ich Ihnen zuweise."

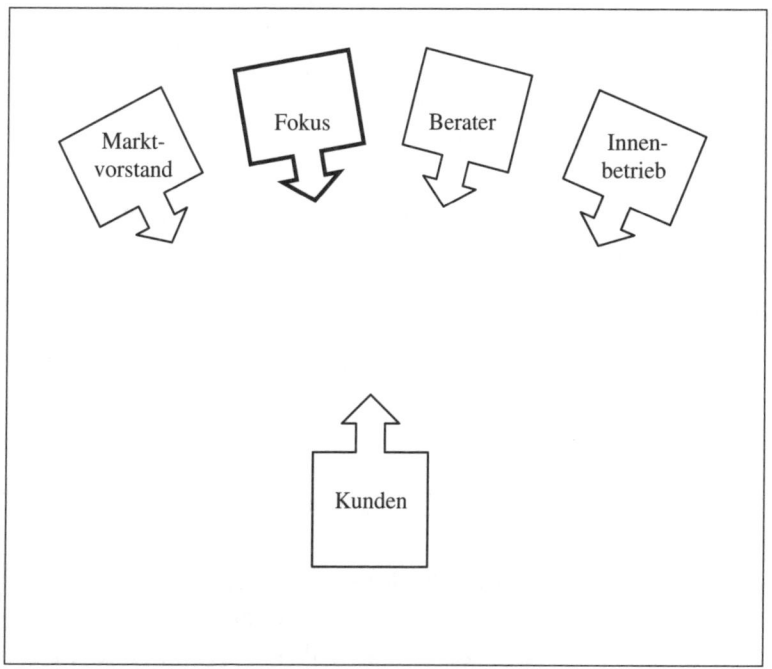

Quelle: praktisches Beispiel aus einer betreuten Bank

Abbildung 7: Aufstellungsbild 5 (Lösungsbild)

Trainer *(zum Stellvertreter Marktvorstand)*: „Wie geht es Ihnen an Ihrem Platz?"

Stellvertreter Marktvorstand: „Ich stehe hier mit voller Kraft, sehe links von mir meine Abteilungen und fühle mich wie ein Bollwerk. Klasse finde ich, dass wir alle die Kunden im Blick haben. Die holen wir uns."

Trainer: „Gut, wie geht es dem Fokus?"

Stellvertreter Fokus: „Ich fühle mich stark und voller E-
nergie. Und ich finde es toll, wie wir alle so geballt stehen
und auch, dass ich meinen Chef (Marktvorstand) neben mir
habe. Jetzt will ich Gas geben und ran an die Kunden!"
(lacht dabei verschmitzt)

Trainer: „Das hört sich doch gut an. Was ist inzwischen
beim Stellvertreter Innenbetrieb passiert?"

Stellvertreter Innenbetrieb: „Mein Platz ist auch o. k. Ich
kann jetzt gut als Unterstützung dienen, weil ich mich zugehörig und gesehen fühle. Das ist ganz neu für mich, gefällt
mir aber!"

Trainer: „Klasse! Und wie geht es den Kunden?"

Stellvertreter Kunde: „Da steht mir ja die geballte Kompetenz der Bank wie ein Hofstaat gegenüber. Ich fühle mich
sehr geschmeichelt, geachtet und voll im Mittelpunkt. Ist ein
sehr schönes Gefühl! Ich bin froh und stolz, bei dieser Bank
Kunde zu sein, und es geht mir sehr gut hier auf diesem
Platz!"

Trainer *(zum außen sitzenden Vertriebsleiter)*: „Ich möchte
jetzt, dass Sie sich selbst in die Aufstellung an den Platz Ihres Stellvertreters stellen, um die Lösungskonstellation zu
erleben."

Der Stellvertreter Fokus verlässt nun die Aufstellung, und
der Klient stellt sich an seinen Platz (siehe Punkt 11 unter
„Ablauf einer Aufstellung").

Trainer *(zum Vertriebsleiter)*: „Lassen Sie sich Zeit, um sich gut auf diesem Platz einzufühlen, und schauen Sie sich in aller Ruhe um, was es für Sie wahrzunehmen gibt."

Der Vertriebsleiter bleibt für einige Zeit regungslos stehen, atmet dann mehrfach tief durch und dann wird ein Lächeln und eine kraftvolle Körpersprache sichtbar.

Trainer: „Wie ist das für Sie?"

Vertriebsleiter: „Das ist wunderschön. Wenn ich so in die Runde schaue, wirkt das alles sehr kraftvoll und harmonisch und mir geht es auch sehr gut, meinen Vertriebsvorstand nicht mehr im Rücken, sondern neben mir zu haben. Das fühlt sich klasse an, und ich habe jetzt richtig Lust auf mehr! Ich fühle mich richtig in Aufbruchstimmung! Unglaublich, was da gerade passiert!"

Trainer: „Tanken Sie ruhig auf, und nehmen Sie sich genügend Zeit dafür."

Trainer *(nach einiger Zeit)*: „Wenn Sie jetzt nochmals an Ihr Anliegen denken, wie ist das jetzt für Sie?"

Vertriebsleiter: „Das ist genau die Antwort. Die Ordnung stimmt jetzt, jeder nimmt den richtigen, ihm gemäßen Platz ein. So kann ein sinnvolles Zusammenwirken zur Ausschöpfung des Kundenpotentials erfolgen. Ich werde jetzt an der Umsetzung unserer Trainingsmaßnahmen dranbleiben, mich um das Umfeld mehr kümmern und auch die Leistungen meiner Berater mehr würdigen und..."

Trainer: „Stopp, das reicht schon! *(lächelt)* Sie sind ja schon mitten in der Umsetzung! Das ist der nächste Schritt! Lassen Sie die Aufstellung erst mal ein wenig sacken! Wenn ich Sie richtig verstehe, passt also die Lösungskonstellation zu Ihrem Anliegen?" (siehe Punkt 12 unter „Ablauf einer Aufstellung)

Vertriebleiter: „Ja, das tut sie! Vielen Dank, ich fühle mich wirklich reich beschenkt!"

Trainer: „Schauen Sie sich noch mal um, und nehmen Sie dieses Bild in sich auf als Anfang für einen Lösungsprozess im Alltag. Wenn Sie möchten, können Sie das Lösungsbild zusätzlich auch schriftlich bekommen. Meine Kollegin hat die Aufstellung mit skizziert. Abschließend bitte ich Sie dann, wenn Sie soweit sind, die Stellvertreter aus ihren Rollen zu entlassen, damit wieder jeder er selbst sein kann." (siehe Punkt 13 und 14 unter „Ablauf einer Aufstellung")

Daraufhin geht der Vertriebsleiter zu jedem Stellvertreter, bedankt sich, spricht die Personen dabei mit ihrem Namen an und berührt sie kurz, sodass alle ihre Rollen wieder ablegen können.

Trainer *(zur Gruppe, nachdem alle wieder in einem Stuhlkreis sitzen)*: „Gibt es noch etwas von den Stellvertretern aus den Rollen nachzutragen, was für den Klienten hilfreich und nützlich sein könnte?" (siehe Punkt 15 unter „Ablauf einer Aufstellung")

Stellvertreter Fokus: „Ich möchte noch nachtragen, dass es mir unheimlich Kraft gegeben hat, als ich diesen Stein erhalten habe und mir der Verantwortung bewusst geworden bin."

Der Vertriebsleiter hört zu und nickt nachdenklich.

Stellvertreter Kunde: „Mir ist noch wichtig zu sagen, dass ich mich im Schlussbild wirklich gesehen und mich sehr stark mit der Bank verbunden gefühlt habe. Auch diese Geschlossenheit war schön für mich zu sehen, und ich war offen dafür, was von der anderen Seite, vor allem von den Beratern, kommt."

Der Vertriebsleiter nickt mehrmals und lächelt dabei.

Stellvertreter Marktvorstand: „Ich war richtig stolz, diese Prozessarbeit erleben zu dürfen. Denn dabei ging mir durch den Kopf, was wir für tolle Mitarbeiter haben, und ich hatte am Ende das Gefühl, dass wir hier einen richtig guten Job machen."

Stellvertreter Berater: „Von mir fiel eine Zentnerlast ab, als ich den Stein zurückgeben konnte und ich spürte sofort, wie der Fokus größer und mächtiger wurde. Von da an war ich bereit, meine Hausaufgaben zu machen und die Forderungen umzusetzen. Zum Schluss hatte ich eine, im positiven Sinne, komplett andere Einstellung zum Vorgesetzten und zur Bank insgesamt."

Trainer *(zum Vertriebsleiter)*: „Gut, nachdem es keine weiteren Ergänzungen gibt, möchte ich an dieser Stelle die Arbeit beenden. Bitte lassen Sie Ihr Lösungsbild in sich wirken und beobachten Sie, was in der nächsten Zeit passiert. Lassen Sie sich erst ein wenig Zeit und wenn Sie dann Handlungen vornehmen, tun Sie es immer mit dieser Lösung vor Augen. Sollten sich im Alltag Fragen ergeben, bin ich jederzeit für Sie ansprechbar. Im Zuge unseres gemeinsamen Projektes, dem balanceorientierten Vertriebscoaching, werden wir sicher die positiven Auswirkungen im Sinne einer Nachhaltigkeit der Trainingsmaßnahmen spüren können. Dafür haben Sie heute den Grundstein gelegt."

3.4.3 Reflexion des Praxisfalls

Was wurde bei dieser Aufstellung deutlich? Und was hat dies alles mit dem Anliegen des Vertriebsleiters zu tun, in Zukunft die Trainingsmaßnahmen mit Nachdruck ins Bewusstsein der Mitarbeiter zu bringen, damit sie auch kontinuierlich gelebt werden?

Es wurde eine Hauptdynamik deutlich: das Störfeld zwischen dem Stellvertreter des Vertriebsleiters und dem Stellvertreter der Berater. Oftmals wird bei der Dynamik, die wir auch in dieser Aufstellung gesehen haben, ein Phänomen sichtbar: Mitarbeiter nehmen ihre Führungskräfte nicht immer ganz ernst, und umgekehrt übertragen die Führungskräfte den Mitarbeitern manchmal Verantwortung, die diesen nicht zusteht.

Die Gründe, warum das immer wieder in Unternehmen passiert, können sehr unterschiedlich sein. Sehr oft steckt die Wiederholung eines Musters aus der Ursprungsfamilie dahinter, ein Gefühl von Solidarität zu einem geliebten, nicht anerkannten Familienmitglied etwa, die Angst vor Verlust, bedingt durch sehr frühe Trennungen von Bezugspersonen usw. Die spätere Folge solcher Übernahmen ist immer eine Überforderung bzw. umgekehrt eine Anmaßung von Seiten derer, die etwas auf sich nehmen, was gar nicht ihre Sache ist.

Die Überforderung besteht im Beispiel darin, dass die Berater versuchen, etwas zu tun, was sie nicht können und auch nicht dürfen. Die Anmaßung wird insofern sichtbar, als die Berater den Eindruck haben, sie seien dadurch, dass sie die Arbeit der Führungskraft tun, ungeachtet der untergeordneten Rolle mehr wert oder wichtiger als diese. Dadurch fühlen sie sich überlegen, und daraus wiederum resultiert ein Verhalten des „Nichternstnehmens" gegenüber dem Vertriebsleiter.

Die Anmaßung und die damit verbundenen Gefühle werden in einer Aufstellung allerdings nicht als „Charakterfehler" der betreffenden Person verstanden, sondern sind vielmehr als Ausdruck eines weitgehend unbewussten systemischen Geschehens zu verstehen, das im Alltag möglicherweise durch ein entsprechendes „Tarnverhalten" übertüncht wird. Dies sieht man auch daran, dass das anmaßende Verhalten sofort aufhört und einer Erleichterung weicht, wenn das zuviel Übernommene zurückgegeben wird und der, zu dem es gehört, die Verantwortung übernimmt.

Diese Wirkung konnte auch in der vorangegangenen Aufstellung beobachtet werden. Das Rückgaberitual kann symbolisch geschehen, indem ein Stein oder ein anderer schwerer Gegenstand, wie im Bespiel dargestellt, übergeben wird.

Bei diesem Ritual ist es jedoch wichtig, dass die Rückgabe mit Achtung und einer innerlichen Würdigung erfolgt, die zum Ausdruck bringt, dass es sich nicht um eine bloße Handlung und auch bei dem Gesagten nicht nur um eine

Worthülse handelt, sondern dass dieser Prozess auch innerlich mit dem nötigen Ernst und der Achtung für den anderen vollzogen wird.

Eine „gelungene" Rückgabe erkennt man daran, dass sich danach bei beiden Personen, wie im Beispiel, etwas verändert hat. Im Regelfall fühlt sich der Rückgebende frei und leicht und derjenige, der etwas zurückgenommen hat, fühlt sich größer, klarer oder stärker und wird vom anderen auch so wahrgenommen.

Oft ist es auch so, dass beide sich in die Augen schauen und sich zum ersten Mal wirklich sehen. Meist sind auch körpersprachliche Signale wie eine aufrichtende, streckende Bewegung oder ein tiefes Durchatmen wahrzunehmen. Das alles sind zuverlässige Hinweise, dass etwas Lösendes, etwas Klärendes in Gang gekommen ist.

Und daraus können wir schließen, dass die Übernahme der eigenen Verantwortung, so schwer sie auch manchmal erscheinen mag, den Betreffenden stärkt, ihm Kraft und Größe verleiht, die er bei entsprechendem Vermeidungsverhalten nicht hätte. Es tut gut, anzuerkennen, was ist und das Beste daraus zu machen!

Nach diesem klärenden Prozess ist nun ein Weg, eine Lösung vorgezeichnet, damit Vertriebsleiter und Berater effektiv im Sinne einer praktischen Umsetzung von trainierten Inhalten zusammenarbeiten und gemeinsam erfolgreich sein können.

Zwar ist zunächst „nur" ein Bild von einer Lösung entstanden, was noch nicht mit einer realen Lösung gleichzusetzen ist. Doch der Vertriebleiter wird nach dieser Arbeit mit einer veränderten inneren Haltung in die Bank zurückkehren, sodass sich zwangsläufig mit der Zeit auch eine Änderung in seinem Verhalten und damit auch im Verhalten seiner Kollegen einstellen wird.

Und damit ist der Boden bereitet, auf dem die Saat der nachfolgend geplanten Maßnahme, dem balanceorientierten Vertriebscoaching aufgehen, reifen und auf lange Sicht Früchte tragen kann. Ziel ist, dass ein Praxistransfer nach den Trainingsmaßnahmen stattfindet und sich bei den Beratern eine anhaltende Erhöhung der „Schlagzahl" einstellt.

4. Das balanceorientierte Vertriebscoaching

„Wessen wir am meisten im Leben bedürfen, ist jemand, der uns dazu bringt, das zu tun, wozu wir fähig sind."
(Ralph Waldo Emerson)

4.1 Die Talk-Strategie © - Grundsätzliches

Wir haben aus unserer Erfahrung für die Optimierung des Verkaufsverhaltens bei Beratern und Servicemitarbeitern in Banken die Talk-Strategie entwickelt, die dazu dient, alle Marktmitarbeiter mit System in die Kundenansprache einzubeziehen.

Die Talk-Strategie basiert auf einem Erfahrungslernen der Mitarbeiter in den Geschäftsstellen unter Hinzuziehung der jeweiligen Führungskräfte vor Ort, also des ganzen Teams. *T.a.l.k.* bedeutet deshalb auch: *Toll, alle leben Kommunikation!*

Durch die Einbindung aller im Vertrieb tätigen Mitarbeiter kann eine Verkaufskultur entstehen, die die Möglichkeit eröffnet, neues und erfolgreiches Verkaufsverhalten anhaltend zu integrieren, um damit einen Unterschied in Bezug auf die Qualität am Bankenmarkt vor Ort zu erzielen.

Eine Verhaltensänderung ist nur dann sinnvoll und möglich, wenn sich die Funktionen Unternehmenskultur, Person und Organisation in einem vernünftigen, wirkungsvollen Zusammenspiel präsentieren. Dieses Zusammenspiel findet sich in dem Begriff „balanceorientiertes Vertriebscoaching" wieder.

Gleichgewicht der Verhaltensänderung nach Prof. Corell:
Verhalten = f (Unternehmenskultur x Person x Organisation)

Es ist deshalb sehr wichtig, dass die Unternehmenskultur, die sehr stark mitgetragen wird von den Führungskräften, in den Optimierungsprozess eingebunden wird. Zudem ist darauf zu achten, dass eine systematische Vorgehensweise unter Berücksichtigung der Rahmenbedingungen gegeben ist (vorhandenes Kundenbetreuungskonzept, systematisches Ansprachevorgehen, Sicherstellung der Ergebnisse durch Messungen und Sicherstellung der Nachhaltigkeit durch Transferaufgaben für die Mitarbeiter, die am Optimierungsprozess teilgenommen haben).

Doch bevor es überhaupt zu einer Verhaltensänderung kommen kann, muss sich die Einstellung verändern. Folgende Punkte finden deshalb in den Trainings Berücksichtigung.

„Von innen nach außen" nennen wir es, wenn wir Menschen zur Veränderung einladen und ihnen sagen wollen, dass sie bei sich selbst beginnen müssen. Fehlschläge, ungünstige Einstellungen und Verhaltensweisen entstehen oft dadurch, dass wir die Dinge anders wahrnehmen, als sie in Wirklichkeit sind. Wir müssen lernen, eine Situation nicht nur aus dem eigenen gewohnten Blickwinkel zu betrachten, sondern auch aus anderen Perspektiven. Es genügt nicht, die Welt nur anzusehen. Wir müssen auch die Brille betrachten, durch die wir sie sehen, weil diese Brille unsere Interpretation der Welt bestimmt.

Wenn wir das tun, werden wir schnell eines erkennen: Die Art und Weise, wie wir uns anderen Menschen oder bestimmten Arbeitssituationen gegenüber verhalten, steht oft nicht im Einklang damit, wie wir diese Menschen oder Situationen in unsrem Innersten sehen.

Und wir werden weiter erkennen: Wenn wir Situationen ändern wollen, müssen wir uns selbst verändern! Um uns aber erfolgreich zu verändern, müssen wir zunächst unsere Wahrnehmungen ändern. Dazu braucht es mehr als ein bisschen Willenskraft und ein paar kleine Veränderungen im Leben. Wir müssen uns gänzlich von der „Schwerkraft" alter Gewohnheiten frei machen.

„Ich bin dein ständiger Begleiter. Ich bin deine größte Hilfe oder schwerste Last. Ich werde dich unweigerlich vorwärts drängen, immer und immer wieder. Oder ich werde dich solange niederdrücken, bis du endgültig versagst.

Ich unterstehe keinem anderen Kommando als deinem. Ich kenne nur dich als meinen Herrn und du sagst mir, wie du mich einsetzen willst. Deinem Kommando folge ich ganz und gar. Die Hälfte dessen, was du tust und bewegst, kannst du ebenso gut mir übertragen. Und wenn du es mir überträgst, wirst du feststellen, dass du dich auf mich verlassen kannst. Ich werde alles schnell und erfolgreich erledigen.

Ich bin leicht zu lenken und zu führen. Das Einzige, was ich brauche, ist deine Verlässlichkeit und eine feste Hand. Zeige mir die Dinge, die du getan haben willst, ganz genau. Ich verspreche dir, ich brauche nur wenige Lektionen, und dann werde ich deine gewünschten Handlungen automatisch ausführen und dich entlasten.

Ich bin der Diener aller erfolgreichen und reichen Menschen und aller Versager und Nichtsnutze ebenso. Die, die erfolgreich und reich wurden, habe erst ich richtig und auf Dauer erfolgreich gemacht. Die, die versagen und für die ein Misserfolg dem nächsten folgt, habe ich zu Versagern gemacht.

Ich bin keineswegs ein Automat, aber ich arbeite mit der Präzision eines Automaten und verbinde diese mit der Intelligenz des Menschen. Ich bin nicht teuer. Du kannst mich nicht von der Steuer absetzen. Und doch bin ich unbezahlbar. Ich bin einfach da und selbst dann, wenn du nichts mit mir zu tun haben willst, weil ich zu anstrengend bin, werde ich an deiner Seite bleiben. Selbst dann führe ich dich zum Erfolg oder zum Versagen.

*Du kannst mich laufen lassen zu deinem Vorteil wie zu deinem Nachteil. Mir ist beides gleich und ich warte nicht auf deine Entscheidung, ich laufe bereits mir dir. Du kannst jedoch jederzeit die Richtung entscheiden. Sei niemals zu nachsichtig mit mir. Höre nie auf, dich um mich zu kümmern. Zu lange unbeobachtet und nicht geführt werde ich dich unweigerlich zerstören. Nimm mich, forme und fordere mich, sei streng mit mir und gib mir meine Richtung vor. Ich verspreche, dir als Dank den Erfolg zu Füßen zu legen. Wer ich bin? Hast du es erraten? Man nennt mich **Gewohnheit!**"*
(mit bestem Dank an Anonymus)

Beschreibt dieses „Rätsel" nicht absolut treffend die Macht der Gewohnheit? Und was lernen wir daraus? Eine positive Eigenschaft, ein positives Verhalten zur Gewohnheit zu machen, ist eines der wichtigsten Erfolgsprinzipien. Und deshalb wird dieser Ansatz ebenfalls in der Talk-Strategie berücksichtigt, damit Sie immer einen Zug voraus sind und Ihre Berater aus dem „Kreislauf bequemer Gewohnheiten und Komfortzonen der Sicherheit" heraustreten.

Kennen Sie die Geschichte von dem Straßenkünstler, der als Zauberer verkleidet durch New York lief? Mit seinem wundersamen Aufzug, vom purpurroten Umhang bis zu seinem spitz zulaufenden Zaubererhut und der Miniaturausgabe eines Wunschbrunnens im Schlepptau zog er die Aufmerksamkeit der Passanten auf sich. Als einige näher kamen, sahen sie auf seinem Brunnen folgende Aufschrift: Wünsche aller Art werden erfüllt!!

Der Zauberer blieb direkt in der Menschenmenge stehen. Neugierig gemacht, fragten die Passanten, was denn ein Wunsch koste. Er betrachtete die Menge von oben bis unten, ließ ein paar Menschen heraustreten, die einen Anzug trugen und fragte zurück: „Handelt es sich um einen geschäftlichen oder privaten Wunsch?" „Geschäftlich!" antwortete einer der Angesprochenen. „Nun gut", meinte der Zauberer, „geschäftliche Wünsche sind etwas komplizierter. Private kosten nur einen Dollar, geschäftliche drei Dollar. Aber natürlich bekommen Sie dann auch viel mehr für Ihr Geld" ergänzte der Zauberer noch seine Aussagen.

Einige der Anzugsträger gaben ihm das Geld. Der Zauberer begann beschwörende Bewegungen in der Luft auszuführen und wies die Passanten an, sich nun ganz genau auf ihren

Wunsch zu konzentrieren. Dann sagte er, sie sollten sich vorstellen, was geschehe, wenn die Wünsche in Erfüllung gingen. Während die Passanten nachdenklich wirkten und den Aufforderungen Folge leisteten, setzte der Zauberer seine Beschwörungen fort.

Als er sicher war, dass die Passanten ihren Wunsch vor Augen hatten, forderte er sie auf: „Nun denken Sie an all die Gaben, mit denen Sie ausgestattet wurden, körperliche Vorzüge, geistige Fähigkeiten, spirituelle Talente. Denken Sie an all ihre verschiedenen Stärken!" Er ließ ihnen einen Augenblick Zeit zum Nachdenken und setzte seine Zaubersprüche fort.

Dann kam die nächste Anweisung: „Denken Sie nun ganz besonders an die Begabungen, die eine wichtige Rolle dabei spielen könnten, Ihren Wunsch in Erfüllung gehen zu lassen!" Folgsam überlegten die Passanten, welche ihrer Stärken ihnen helfen und wie sie sie einsetzen könnten, um ihre Wünsche zu realisieren.

Mittlerweile hatte sich eine ziemliche Menschenmenge um den Zauberer und seine Kunden versammelt. Die Masse spornte den Zauberer an, seine Vorführung noch dramatischer zu gestalten. Sein Benehmen wurde noch geheimnisvoller, seine Armbewegungen noch ekstatischer und seine Stimme noch eindringlicher. „Nun möchte ich, dass Sie an die Menschen denken, die Ihnen bei der Erfüllung Ihrer Wünsche behilflich sein könnten. Denken Sie nicht nur an Freunde und Bekannte, sondern auch an Menschen, die Sie vielleicht erst noch kennen lernen werden. Fragen Sie sich, warum diese bereit sein könnten, Ihnen zu helfen." Nach diesen Worten des Zauberers überlegten die Kunden, wer dafür bei jedem von ihnen in Frage käme.

Während dessen warf der Zauberer ein Pyropapier in die Luft, das unverzüglich in Flammen aufging. Die Menge war fasziniert. Nun bat er die Passanten, die Augen zu schließen und zu überlegen, welches der erste Schritt auf dem Weg zur Erfüllung ihrer Wünsche sein könnte. Er drückte den Kunden ein Kärtchen in die Hand und sagte: „Sobald Sie sich über den ersten Schritt im Klaren sind, öffnen Sie die Augen und lesen Sie die Karte!"

Nach wenigen Augenblicken öffneten die Kunden ihre Augen. Der Straßenkünstler war schon weitergegangen mit seinem Wunschbrunnen im Schlepptau. Die Menge hatte sich aufgelöst, mit Ausnahme einiger Neugieriger, die wissen wollten, was auf den Kärtchen stand. Die Kunden lasen, nickten zustimmend mit dem Kopf und gingen weiter!

Lässt man bei der Geschichte den roten Umhang, die dramatischen Gesten und das Pyropapier weg, was bleibt dann noch übrig? Nun, einfach nur ein exzentrisch wirkender Mann, der einen kleinen Wunschbrunnen und jetzt ein paar Dollar besitzt. Hat sein Rat etwas genützt, oder war er wertlos?

Es gibt viele „Zauberer", die sich besonders im Bereich der Vertriebs- bzw. Berateroptimierung tummeln. Doch der hier vorgestellte Ansatz ist damit nicht zu verwechseln.

Vor über vierzig Jahren begannen Marktforscher, sich dafür zu interessieren, warum einige Menschen ihre Aufgaben so viel erfolgreicher als andere meisterten. Was ist anders bei den besten Beratern im Vertrieb? Das *Gallup Marktforschungsinstitut* hat sich bei der Suche nach einer Antwort zu dieser Frage auf die besten 25 Prozent der Verkäufer konzentriert.

Es wurde festgestellt, dass die besten Verkäufer vier- bis zehnmal so viel verkauften wie die durchschnittlichen Verkäufer. Sie waren nicht nur ein wenig besser. Sie waren sehr viel besser. Die Kunden kauften nicht nur einmal bei ihnen, sondern sie kamen auch immer wieder. Diese Topverkäufer erzielten Geschäftsabschlüsse mit einer höheren Gewinnspanne, blieben ihren Arbeitgebern in der Regel länger treu und entwickelten engere Beziehungen zu ihren Kunden.

Was also ist das Besondere an diesen Spitzenverkäufern? Und warum waren sie in der Lage, ihre durchschnittlichen Kollegen so stark zu überflügeln?

Nachdem *Gallup* für das Vorgehen beim balanceorientierten Vertriebscoaching und bei der Talk-Strategie einige sehr wichtige Aussagen eröffnet hat, soll an dieser Stelle nicht versäumt werden, die wesentlichen Erkenntnisse hier nochmals zu erwähnen. Warum wird, obgleich der vielen „Zauberer", so wenig Nachhaltigkeit bei den Finanzverkäufern in den Banken gelebt?

▶ In der Studie heißt es, dass aufgrund vieler Mythen im Vertrieb oftmals die falschen Methoden im Vertriebsmanagement angewandt und dadurch die Produktivität der Finanzverkäufer unterdrückt wurde. Ein Mythos im Vertrieb lautet beispielsweise, dass jeder verkaufen kann, wenn er nur will und ein entsprechendes Training erhalten hat. Die Annahme, dass jeder verkaufen kann, ist so nicht haltbar. Es eignet sich nicht jeder Mensch zum Verkäufer, weil dauerhafter Erfolg im Vertrieb bestimmte Talente voraussetzt, die mitgebracht werden müssen.

▶ Verstärkt wird das Problem durch die Tendenz, gerade für die schlechten Mitarbeiter Richtlinien zu entwickeln und durchzusetzen, anstatt ein Umfeld zu schaffen, in dem die besten Verkäufer gefördert und unterstützt werden. Diese Rahmenbedingungen tragen wenig dazu bei, schlechte Leistungen zu verbessern. Sie vergraulen vielmehr die starken Verkäufer! Der Autor hat bei vielen seiner Trainings beobachtet, dass die besten Finanzverkäufer sich durch das Umfeld eher gehindert als gefördert sahen und dann z. B. entschieden haben, sich selbstständig zu machen und in der Welt der freien Vermögensberater ihren eigenen Persönlichkeitsentwicklungsweg mit großem Erfolg zu gehen. Im Schlepptau hatten sie die besten Kunden, die sie durch sehr gute persönliche Beziehungen gleich ihrem Arbeitgeber, der Bank, abgeworben haben.

▶ Andererseits wird oftmals für überhaupt nicht geeignete Berater Unsummen an Geld für die Weiterbildung ausgegeben. So manches Training führt im Ergebnis nur dazu, den „Ackergaul" schneller laufen zu lassen, aber nie und nimmer wird ein „Araber" aus ihm. Selbstverständlich ist dies Alltag in vielen Banken. Es erscheint jedoch wichtig darauf zu achten, dass der richtige Mitarbeiter mit der richtigen Qualifikation am richtigen Arbeitplatz sitzt, um dann durch entsprechendes balanceorientiertes Vertriebscoaching überdurchschnittliche Erfolge bei ihm entstehen zu lassen.

▶ In der Gallup-Studie wurde auch deutlich, dass Topberater zufriedener mit ihrer Arbeit sind und ein ausgeprägtes Engagement an den Tag legen. Dieses Engagement ist letztlich der Schlüssel für ihre Spitzenleistungen und trägt dazu bei, neue Kunden zu gewinnen und zu binden. Die Studie deutet darauf hin, dass ein Zusammenhang zwischen der Zufriedenheit der Berater mit ihrer Arbeit und dem Geschäftsvolumen besteht.

Mit dem balanceorientierten Vertriebscoaching bzw. der Talk-Strategie soll bei den Mitarbeitern eben dieses Engagement verstärkt werden. Dabei sind drei Punkte von zentraler Bedeutung:

▶ Erstens müssen die Mitarbeiter ihre Stärken entdecken.
▶ Zweitens müssen sie den richtigen Arbeitsplatz finden, an dem sie ihre Stärken einsetzen können.
▶ Und drittens müssen sie für den richtigen Vorgesetzten bzw. im richtigen Team arbeiten.

Manche Menschen wissen instinktiv, wie wichtig es ist, die eigenen Stärken zu kennen. Aber viele von unseren gecoachten Beratern hatten vorher noch nie über ihre Stärken nachgedacht. Unter Stärken verstehen wir Fähigkeiten, die es uns ermöglichen, in verschiedenen Lebensbereichen Besonderes zu leisten. Sie gehen aus den Denk-, Gefühls- und Verhaltensmustern hervor, die sich im Laufe des Erwachsenwerdens zu unverwechselbaren Merkmalen unserer Persönlichkeit ausbilden. Da uns diese Muster so selbstverständlich wie das Atmen sind, nehmen wir sie nicht bewusst zur Kenntnis. So betrachten es beispielsweise besonders kontaktfreudige Menschen als völlig normal, dass sie leicht mit Fremden ins Gespräch kommen. Besonders einfühlsame Menschen gehen vielleicht davon aus, dass jeder auf die Gefühle anderer so intuitiv reagiert, wie sie es tun. Die Selbstverständlichkeit, mit der wir unsere Stärken in verschiedenen Situationen einsetzen, führt dazu, dass wir sie nicht wahrnehmen und folglich auch nicht erkennen, wie wichtig und wertvoll sie für unseren Erfolg sind.

Der Hang zur Selbsttäuschung bringt es fast unausweichlich mit sich, dass wir unsere Fähigkeiten nicht angemessen beurteilen können. Wir geben oft Aussagen über unsere Stärken, die wir uns wünschen, aber nicht über diejenigen, die wir tatsächlich besitzen. Vielleicht schreiben wir uns gute zwischenmenschliche Fähigkeiten zu, weil wir uns selbst gern so sehen möchten. Oder wir schmücken uns mit bestimmten Stärken, weil wir glauben, diese in unserem Berufsleben oder in unserem Umfeld vorweisen zu müssen. Wenn wir beispielsweise glauben, dass sich erfolgreiche Verkäufer durch Aggressivität, Wettbewerbsorientierung und Disziplin auszeichnen, halten wir uns diese Stärken nur deshalb zugute, weil wir selbst diesem Ideal entsprechen möchten.

Ein dritter Grund für die Unkenntnis unserer Stärken liegt darin, dass wir meist nur ein beschränktes Vokabular zur Verfügung haben, um diese zu beschreiben. Einfach nur zu behaupten, eine „Nase für das Geschäft zu haben", reicht nicht aus, sein Talent weiterentwickeln zu können. Wir können unsere Stärken aber erst dann weiterentwickeln, wenn wir sie identifiziert und definiert haben.

Und ein vierter Grund liegt schließlich darin, dass die meisten Menschen von Kindesbeinen an darauf getrimmt wurden, ihre Schwächen zu bekämpfen, nicht aber darauf, ihre Talente in den Mittelpunkt zu rücken und daraus Stärken zu entwickeln. Wir haben in zahllosen Einzelgesprächen bei Banken immer wieder die Erfahrung gemacht, dass viele Mitarbeiter sofort ihren Fokus auf das richten, was sie alles nicht können, statt zu sehen, was ihre Stärken sind und wie sie sie nutzvoll für ihre Aufgaben und Ziele einsetzen können.

Viele Banken gehen konzentrieren die Leistungsbeurteilungen auf „Verbesserungsbereiche", was ein Synonym für Defizite oder Schwachpunkte ist. Wie viele Mitarbeiter schließen ihr jährliches Beurteilungsgespräch dadurch mit einer Liste von Bereichen ab, in denen sie sich verbessern sollen/wollen, nicht aber mit einem besseren Verständnis dafür, wie sie ihre Stärken besser nutzen können? Natürlich sind wir in der Lage, die eigenen Leistungen etwas zu steigern, wenn wir die Schwächen bekämpfen. Aber echte Spitzenleistungen erwachsen eben nur aus Stärken! Wenn Talente erkannt, verstanden und zu Stärken ausgebaut werden, bedeutet das nach den Forschungsergebnissen von Gallup dauerhaften Erfolg.

Als weitere Erkenntnis der Studie zeigte sich nach der Auswertung der Daten aus Interviews mit Beratern, dass die traditionellen Annahmen über die Weiterentwicklung von Verkäufern geradezu kontraproduktiv waren. Die entscheidenden Verkaufskompetenzen wurden nämlich weder in der Ausbildung, noch in der Weiterbildung, noch durch Erfahrungen gesammelt.

Nirgends gab es diesbezüglich große Unterschiede zwischen den besten und den schlechtesten Verkäufern. Was die Spitzenberater jedoch vom Rest abhob, war die Art und Weise, wie sie individuelle Verhaltensmuster einsetzten, um:

- Beziehungen aufzubauen,
- andere Menschen zu beeinflussen und für sich zu gewinnen,
- Kundenbedürfnisse aufzudecken und zu befriedigen,
- ihre Leistung weiter zu verbessern, indem sie sich geeignete Ziele setzten,
- die richtigen Strukturen zu finden, innerhalb derer sie bestmögliche Leistungen bringen konnten.

Es wurden deshalb bei dem hier vorgestellten balanceorientierten Vorgehen ganz bewusst diese Parameter als Grundlage und Benchmark für das „ideale" Beraterverhalten gewählt.

In der Praxis erlebt man leider immer wieder, dass Mitarbeiter einen Arbeitsplatz innehaben, der überhaupt nicht zu ihren Stärken passt. Spitzensportler können ihre oft unglaublichen Erfolge nur erringen, weil sie den für sie richtigen Sport gefunden haben. Auch außerhalb des Spitzensports ist es übertragen auf unsere berufliche Situation immens wichtig, die passende Aufgabe zu finden, um wirklich Höchstleistungen bringen zu können.

So einleuchtend der Gedanke ist, dass bei der Besetzung von Stellen im Vertrieb die individuellen Talente der Kandidaten berücksichtigt werden sollten, so häufig wird er in der Praxis missverstanden, sowohl von den Verantwortlichen als auch von den Beratern selbst.

Es ist klar, dass nicht jeder Mitarbeiter in den Banken und Sparkassen die Chance oder das Glück hat, genau den richtigen Job zu finden. Hier gilt die Devise, einen auf den ganz persönlichen Stärken basierenden Verkaufsstil zu entwickeln, diesen zu leben und den eigenen Arbeitsplatz danach zu gestalten. Auch gilt es, sich an dieser Stelle von dem weit verbreiteten Irrglauben zu verabschieden, dass nur ein ganz bestimmter Verkaufsstil erforderlich oder gut ist, um zum Abschluss zu kommen.

In den Untersuchungen von *Gallup* wurde deutlich, dass die besten Verkäufer oft sehr wenig miteinander gemeinsam hatten. Jeder von ihnen hatte seinen ganz eigenen Stil entwickelt, der gut zu ihm passte. Die besten Verkäufer passen ihre Aufgaben an ihre Stärken an. Sie versuchen erst gar nicht, ihre Stärken an ihre Aufgaben anzupassen.

Wichtig für den Beratererfolg ist natürlich auch die Führung und das Team. Die „richtige" Führungskraft bewirkt oftmals noch eine Steigerung um 20 Prozent beim Verkäufer, so dass wir auch diesem wichtigen Aspekt in unserem Vorgehen einen angemessenen Platz einräumen. Wir wollen die Mitarbeiter ermutigen, ihre Führungskräfte als eigenen Coach zu sehen und zu fordern, sodass die Führungskraft ganz gezielt die Stärken der Mitarbeiter erkennt und fördert.

Und damit schließt sich der Kreis zu unserem Straßenkünstler. Das balanceorientierte Vertriebscoaching soll Sie bei der Optimierung des Beraterverhaltens begleiten. Und so verstehen sich der Autor und das Team von Perfect Train auch als Trainer, Begleiter, Wegbereiter für Ihre Mitarbeiter, die Hilfe zur Selbsthilfe und Hilfe zur Aktivierung von Stärken leisten, damit künftige Aufgaben im Finanzverkauf mit Selbstvertrauen und kraftvollen Ressourcen angegangen werden können.

Im weiteren Verlauf des Buches werden Sie deshalb keine „kurzweiligen Entertainelemente" oder Anleitungen für „Feuerläufe" mit Ihren Beratern erleben, denn dafür gibt es bereits genug „Zauberer" in der Gilde der Vertriebstrainer.

Der Straßenkünstler von New York hatte aber tatsächlich etwas Wichtiges zu sagen – als wir die Kärtchen der Passanten doch noch sehen durften! Die Aufschrift lautete: Wenn Sie die Anweisungen des Zauberers genau befolgt haben, ist Ihr Wunsch schon im Begriff, wahr zu werden!

Und die letzte Anweisung des Zauberers an seine Klienten lautete, darüber nachzudenken, wie sie anfangen wollen, was der erste Schritt sein könnte, um ihre Wünsche zu erreichen!

Wir wollen nun anfangen, Ihnen unser Vorgehen im Detail zu beschreiben, wie wir Ihre Mitarbeiter im Vertrieb mit dem balanceorientierten Vertriebscoaching bzw. der Talk-Strategie vor dem Hintergrund der beschriebenen Rahmenbedingungen fit für den aktiven Finanzverkauf machen wollen.

Die Talk-Strategie basiert auf der Idee, alle Mitarbeiter im Vertrieb inklusive deren Führungskräfte mit ins Boot und in die Verpflichtung zu holen, um über die kontinuierliche Aktivität im Ansprache- und Beratungsverhalten auf Dauer eine Vertriebskultur aufzubauen, in der Leistung als Wert neben Spaß, Individualität und Erfolg gedeihen kann.

Hinter der Talk-Strategie steht die Einbindung der Berater über den *Big-Talk-Ansatz*, die Begleitung der Servicemitarbeiter mit dem *Small-Talk-Ansatz* und für die unmittelbaren

Führungskräfte vor Ort in den Geschäftsstellen der Weg nach dem *Daily-Talk-Ansatz.*

Hinsichtlich der Reihenfolge in der Vorgehensweise ist es unserer Erfahrung nach am günstigsten, mit den Trägern der Verkaufskultur zu beginnen. Und das sind oftmals die Berater im Privatkundengeschäft, da sie ja in der Regel diejenigen sind, die die Produkte am Kunden platzieren und die dazugehörigen Cross-Selling-Quoten am schnellsten erreichen. Meist handelt es sich hier um gut qualifizierte und motivierte Berater, die in den Banken die nötige Akzeptanz bei ihren Kollegen im Servicebereich haben und somit auch als Multiplikator, als Sprachrohr für eine leistungsorientierte Verkaufskultur stehen können.

Wir starten also mit den erfolgreichen Beratern, um sie noch erfolgreicher werden zu lassen.

4.2   Der Big-Talk-Ansatz

Der Big-Talk-Ansatz beinhaltet die termingesteuerte Zwei-Phasen-Gesamtbedarfsberatung, die ein Erstgespräch zur Weckung des Bedarfs beim Kunden vorsieht und in einem Zweitgespräch die Lösungspräsentation mit den dazugehörigen Angeboten anschließt.

Das Vorgehen berücksichtigt dabei die Erkenntnis, dass viele Berater in den Banken immer wieder die 10 bis 25 Prozent ihrer Kunden einladen, die ihnen pflegeleicht erscheinen und die ohne große Widerstände bereitwillig Produkte abnehmen, die sie oftmals gar nicht so recht brauchen. Weiterhin fällt auf, dass der „verborgene Kundenschatz" im Privat- und Standardbankgeschäft, der nicht zu diesen ersten 10 bis 25 Prozent zählt, überhaupt nicht zu einem „Grundsatzgespräch" eingeladen wird. Deshalb wandern gerade diese Kunden oft zu anderen Wettbewerbern ab, da sie ja von ihrer Bank nicht persönlich aktiv betreut werden und damit zurecht oftmals nur den „Zinssatz" als Allheilmittel für Verhandlungen sehen.

Sinnvoll ist es daher, dieses verborgene Kundenpotenzial gezielt auszuschöpfen. Laden Sie zu einem Kennenlerngespräch ein und sprechen Sie mit den Kunden über finanzielle Planungen, Besonderheiten und Einsparmöglichkeiten.

Das balanceorientierte Vertriebscoaching berücksichtigt neben der Vermittlung von konkreten Tools im Verkaufsbereich ebenso den Bereich Persönlichkeit, um Selbstbewusstsein, Mut und „Biss" aufzubauen sowie den Transfergedanken, um optimiertes Beraterverhalten nachhaltig zu verankern.

Im Bereich der Verkaufsmethodik erfolgt die intensive Begleitung z. B. bei fünf Beratern eine Woche lang, wobei der Vormittag immer zur Reflexion der durchgeführten Echtkundengespräche vom Vortag und zur Anreicherung mit günstigen Neuverhaltensmöglichkeiten durch Feedback der Berater untereinander als auch durch Input des Trainers dient. An den Nachmittagen finden mindestens drei Kundenechtgespräche statt, die jeweils abwechselnd vom Trainer und von den eigenen Beraterkollegen als Coach begleitet werden. Durch diesen zusätzlichen Perspektivenwechsel gewinnen die Berater neue, sehr hilfreiche Sicht- und Verhaltensweisen. In dieser Woche geht es also richtig rund, da insgesamt 45 Echtgespräche stattfinden, diese gemeinsam ausgewertet und die Erkenntnisse daraus sofort verinnerlicht und im nächsten Gespräch umgesetzt werden.

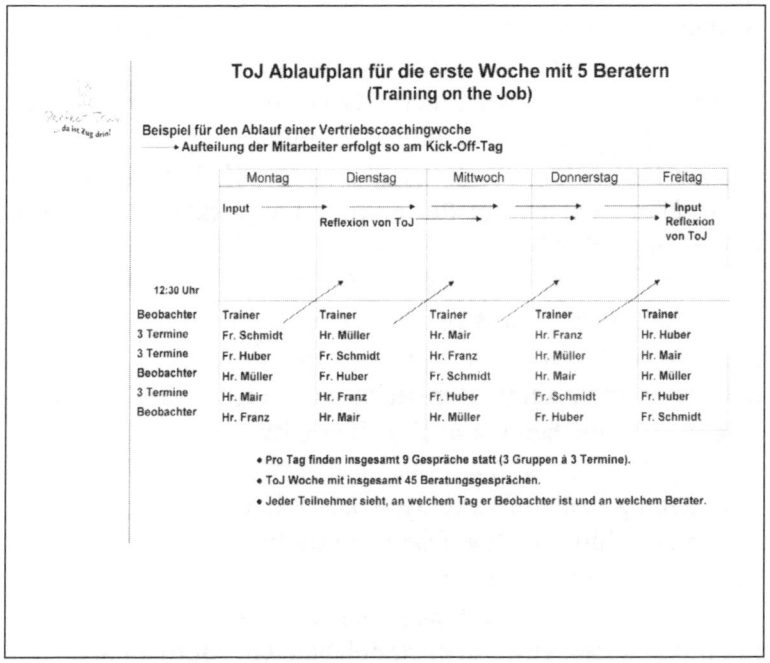

Quelle: Perfect Train

Abbildung 8: Ablauf einer Vertriebscoachingwoche, Beispiel

Bevor mit dem Beratercoaching gestartet wird, werden die Teilnehmer circa eine Woche vorher zunächst im Rahmen einer halbtägigen Kick-off-Veranstaltung auf die bevorstehende Maßnahme eingestimmt.

Dort werden detailliert Hintergründe und die Notwendigkeit für eine gesamtbedarfsorientierte Vorgehensweise in der Beratung besprochen sowie die Erwartungen der Teilnehmer

an das Coaching geklärt. Es wird erläutert, was genau inhaltlich und emotional Bestandteil sein wird. Außerdem werden
die Regeln zur Sicherstellung von Vertraulichkeit und Ano-
nymität zum Schutz des Einzelnen während der Coachingwoche verabschiedet.

Einen weiteren wichtigen Bestandteil der Kick-off-
Veranstaltung bildet das Eingehen auf die Ängste der Berater
vor der Begleitung durch den Trainer bei Echtkundengesprächen. Hier geht es um die Frage: Was heißt Vertriebscoaching bei Perfect Train?

Zunächst einmal ist Coaching eine hoch individualisierte
persönliche Beratung im Tandemprinzip mit dem Ziel, dass
der Mitarbeiter seine Beraterfunktion eigenständig und erfolgreicher ausüben kann! Daneben gilt:

► Coaching zielt auf zukünftige Leistungen,
► berücksichtigt die langfristige Orientierung,
► stellt „Lernen als Prozess" in den Mittelpunkt,
► zielt auf das Potenzial der Mitarbeiter ab,
► führt den Einzelnen über bestehende Grenzen hinaus,
► basiert auf Dialog,
► führt neues Material ein.

Aufgrund der vielen praktischen Coachinggespräche am Arbeitsplatz im Bankalltag haben wir von Perfect Train das
„Vormachen" mit in die gesamtbedarfsorientierte Verkaufsmethodik unseres Coachingansatzes integriert. Unserer Erfahrung nach minimiert die Wirkung des Vormachens Widerstände und Ablehnungen bei den Beratern, weil damit die
Praxistauglichkeit des Trainers unter Beweis gestellt ist. Und
Wirklichkeit ist schließlich das, was wirkt.

Es wird bei den Coachings auch sehr genau auf die Beziehung und Empathie zum Coachee sowie auf nonverbale Kommunikationssignale (Blick, Ton, Sitzhaltung) geachtet. Diese Methodik basiert auf einer offenen, lösungsorientierten Vorgehensweise aus der Verhaltenspsychologie.

In diesem Zusammenhang sei gesagt, dass die Beobachtung durch den Trainer eher still und kundenabgewandt ohne aktives Eingreifen stattfindet, um das Beratungsgespräch nicht zu stören und die Würde des Beraters durch Nichteingreifen zu schützen, sodass die Persönlichkeit des Beraters in einem „ressourcevollen Zustand" belassen wird.

Einen zusätzlichen Aspekt während der Kick-off-Veranstaltung stellen die Termine für die Kundengespräche dar. Hier bitten wir die Berater, sich entsprechend dem Ablaufplan (siehe Abbildung 11) klar zu werden, an welchen Tagen sie als Berater und an welchen sie als Beobachter in der Coachingwoche im Einsatz sind. An den aktiven Beratungstagen schlagen wir den Beratern vor, mindestens drei, besser noch vier Kundentermine zu vereinbaren, um sicherzustellen, dass durch die Häufigkeit von Kundengesprächen, die gemachten Selbsterfahrungen und die reflektierten Gespräche eine Verhaltensoptimierung möglich wird.

Das heißt konkret, dass mit den beobachteten Kundengesprächen jeweils ab Mittag begonnen wird. Pro Gespräch ist ein Zeitpolster von circa 90 Minuten sinnvoll, um für das Gespräch betriebswirtschaftliche Ziele und Verhaltensziele zu vereinbaren, das Gespräch mit dem Kunden zu führen, hinterher entsprechend auf Zielerreichung zu prüfen, das Gespräch zu reflektieren, die Stärken und Schwächen wertschätzend anzusprechen und schließlich dem Teilnehmer am Abend ein schriftliches Gesamtfeedback mit Empfehlungen über die drei oder vier begleiteten Gespräche mitzugeben.

Um eine zusätzliche Lernintensität bei den Beratern zu erreichen, bieten wir durch den Rollentausch bzw. Beobachtereinsatz der Berater die Lernchance des Paradigmenwechsels an, um durch die veränderte Sichtweise des Beobachtens Stärken und Schwächen im „Außen" zu erkennen und damit eine Übertragung auf eigenes Verhalten einzuleiten. Dazu werden die Berater durch einen eigens für das Vertriebscoaching eingesetzten Beobachtungs- und Fragebogen in die Lage versetzt, gezielt die Beratungsgespräche ihrer Kollegen zu beobachten, auszuwerten und konkrete Tipps sowie Empfehlungen aus der Praxis für die Praxis zu geben.

Zudem wird mit den Beratern bei der Kick-off-Veranstaltung abgeklärt, dass sie Kunden aus ihrem „verborgenen Kundenschatz" zu einem Grundsatzgespräch für diese Woche einladen.

Bei Bedarf wird hier bereits mit Telefonansprachestrategien gearbeitet, um den Beratern mit Telefonskripts das Erreichen der Termine für die Coachingwoche zu erleichtern. Im Rahmen von szenischen Simulationen werden Aufhänger für die Ansprache und Reaktionen auf Kundeneinwände geübt, sodass die Berater Verhaltenssicherheit für ihre dann zu führenden aktiven Telefonate erhalten. Durch das Üben und Anwenden von erfolgreichen Strategien in der Terminvereinbarung werden die Berater mutig und motiviert, ihre nicht bekannten Kunden zu einem Basisgespräch einzuladen. Nach dieser kurzen Trainingseinheit noch während der Kick-off-Veranstaltung macht sich bei den Beratern stets eine

„Lust-statt-Frust-Haltung" hinsichtlich der bevorstehenden Coachingwoche breit.

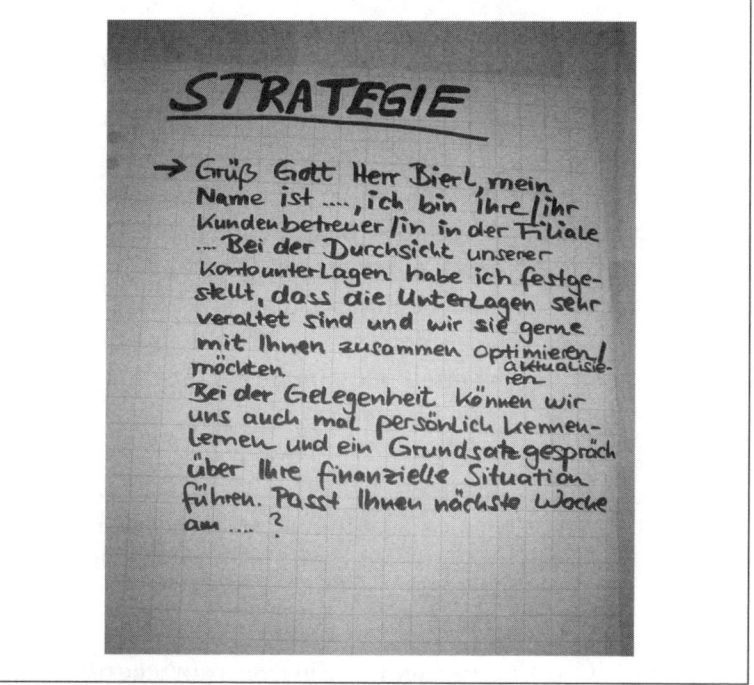

Quelle: Perfect Train

Abbildung 9: Seminarbeispiel 1 für eine Telefonansprache

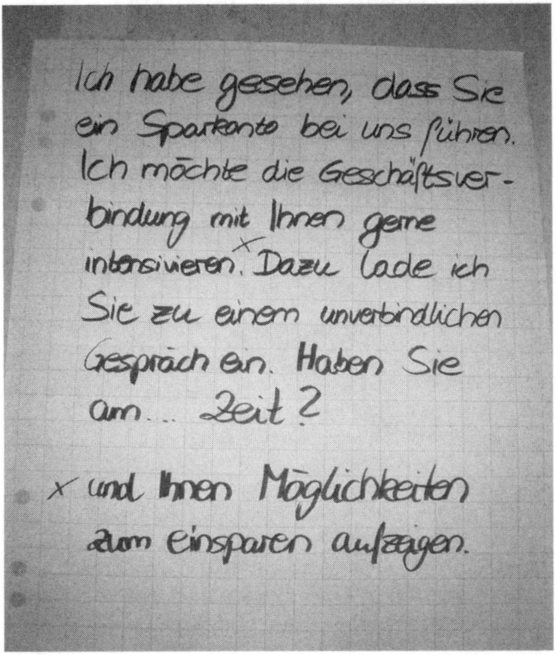

Quelle: Perfect Train

Abbildung 10: Seminarbeispiel 2 für eine Telefonansprache

Perfect Train
... da ist Zug drin!

Bei Anruf Termin oder was Sie bei Einwänden erfolgreich verwenden können...

Die Erfolgsfaktoren für eine professionelle Telefonakquise:

Die positive Grundeinstellung

Der Termin wird zwischen den Ohren gemacht! Haben Sie schon einmal darauf geachtet, was sich bei Ihnen „zwischen den Ohren" abspielt, bevor Sie zum Telefonhörer greifen und in das Akquisetelefonat einsteigen? Haben Sie sich schon einmal dabei beobachtet, dass Sie anstehende Telefonate nach Ihrer ganz persönlichen Vorliebe und nach Ihrem Wohlwollen selektieren? Oder gehören Sie vielleicht doch zu den ganz Wenigen, die eine Liste systematisch nach der angeführten Reihenfolge abarbeiten?

Gehe Sie positiv auf alle Kunden zu. Der Faktor „richtiger Zeitpunkt" ist nur eine der Komponenten, die dazu führen, dass das Telefonieren mit viel Frust verbunden sein kann. Setzen Sie sich mit dieser Frustration auseinander. Nehmen Sie Ablehnungen nicht persönlich!

Identifikation mit der eigenen Tätigkeit

Seien Sie sich bewusst, dass der Kunde in jedem Fall aus dem Kontakt zu Ihnen nur Vorteile ziehen kann. Das heißt, Sie liefern ihm auf jeden Fall wertvolle Informationen!! Ein Verkäufer mit dem Bewusstsein, dass beide Seiten von der angestrebten Geschäftsbeziehung profitieren können, verfügt über eine starke Identifikation.

Zum Beispiel gibt es zwei Arten auf die Aussage „Ich habe gerade wenig Zeit." des Gesprächspartners zu reagieren: Der Anrufer mit einer schwachen Identifikation wird sofort auf einen späteren Wiederanruf verweisen und sich mit einem schlechten Gefühl verabschieden. Er glaubt, den potenziellen Kunden gestört zu haben. Anders könnte es so klingen: „Unter diesen Umständen werde ich mich ganz kurz fassen." Aber bitte mit Einfühlungsvermögen!! Vermeiden Sie auch Formulierungen im Konjunktiv: „Inwieweit wäre es für Sie interessant?" oder „Wann hätten Sie Zeit?" „Wann wäre es Ihnen recht?"

Die Formulierungen zum Gesprächsende „Darf ich mich nochmals bei Ihnen melden?" oder „Wann soll ich nochmals anrufen?" hinterlassen beim Kunden nicht unbedingt den Eindruck es mit einem überzeugten Verkäufer zu tun zu haben. Der Kunde wünscht sich einen souveränen Gesprächspartner! Also: „Herr..., dann wird es gut sein, dass wir zu einem späteren Zeitpunkt nochmals miteinander sprechen. Ihnen heute noch einen schönen Tag, auf Wiederhören!" So behalten Sie die Führung in den Händen, haben einen guten Kontakt zum Kunden aufgebaut und können den Zeitpunkt eines erneuten Anrufs bestimmen.

Quelle: Klaus-J. Fink, Bei Anruf Termin, 2002

Abbildung 11: Ausschnitt 1 aus einem Telefonskript

Perfect Train
... da ist Zug drin!

Klare Strategien am Telefon

„Sind die Worte im Voraus festgelegt, so stockt man nicht.
Sind die Arbeiten im Voraus festgelegt, so kommt man nicht in Verlegenheit.
Sind die Handlungen im Voraus festgelegt, so macht man keine Fehler.
Ist der Weg im Voraus festgelegt, so wird er nicht plötzlich ungangbar."
(Konfuzius)

Verkäuferische Fähigkeit:
Fachliche Details haben im Akquisetelefonat nichts zu suchen! Zuviel Fachwissen in der ersten Kontaktaufnahme bläht das Telefonat auf und Sie laufen Gefahr, dass der Kunde beginnt, fachspezifische Einwände zu artikulieren. Also, Ziel ist der Termin und sonst nichts!!!

Höfliche Hartnäckigkeit hilft:
Verinnerlichen Sie den Leitsatz „Höfliche Hartnäckigkeit hilft" und leben Sie ihn tagtäglich. Die Betonung liegt in diesem Zusammenhang ganz deutlich auf dem ersten Wort: Höflichkeit! Es geht nicht darum die Belästigungsgrenze des Verbrauchers zu testen. Es geht darum, den Verbraucher höflich und hartnäckig zu „umwerben", um sich seine Aufmerksamkeit zu sichern. Manchmal ist eine gewisse Hartnäckigkeit sogar ein absolutes Muss. Also, „Höfliche Hartnäckigkeit hilft" ist Ihr Credo!!! Ein Finanzverkäufer der zu früh aufgibt, beleidigt den Kunden!! Wie ist man auf höfliche Weise in der täglichen Akquisepraxis hartnäckig? Die absolute Voraussetzung für ein zweites Telefonat nach der ersten Ablehnung ist auf jeden Fall, dass das erste Telefonat, auch nach einem Misserfolg, souverän und freundlich beendet wurde. Lassen Sie Ihren Frust nicht den Kunden spüren!! Machen Sie es sich also zum Grundprinzip, sich aus jedem Telefongespräch, ob es nun von Erfolg gekrönt war oder nicht, höflich und freundlich zu verabschieden, z. B. „Herr... es ist schade, dass Sie hier nicht einmal die Gelegenheit zu einem Vergleich mit Ihrem bisherigen Anbieter nutzen wollen. Gleichzeitig war es angenehm, mit Ihnen einige Worte wenigstens am Telefon zu wechseln, auch wenn wir uns jetzt nicht persönlich kennen lernen. Herzlichen Dank nochmals für das Telefonat. Ihnen weiterhin eine gute Zeit. Auf Wiederhören!"

Begrüßung und Vorstellung:
Die ersten drei Sekunden der Verständigung sind eine der schwierigsten Phasen des Gesprächs. Der Angerufene ist erst einmal damit gefordert, sich an Ihre Stimme zu gewöhnen und ist für die ersten Silben deshalb noch gar nicht richtig aufnahmefähig. Überbrücken Sie diese ersten kritischen Sekunden, indem Sie seinen Namen nennen! Jeder Mensch fühlt sich geehrt, wenn man ihn mit seinem Namen anspricht. Denn zwei Dinge hört jeder Mensch gern: an erster Stelle ein Lob oder einfach nur ein freundliches Wort und an zweiter Stelle seinen eigenen Namen.

Quelle: Klaus-J. Fink, Bei Anruf Termin, 2002

Abbildung 12: Ausschnitt 2 aus einem Telefonskript

Perfect Train
... da ist Zug drin!

Die Schlüsseltechnik im Umgang mit Kundenvorwänden

Die Schlüsseltechnik basiert auf der Prämisse, dass ein Kundenvorwand nur diagnostiziert und nicht behandelt werden kann. Ähnlich wie ein Arzt, der erst einmal eine Diagnose durchführt, um anschließend eine Behandlung festzulegen, ist es das Ziel der Schlüsseltechnik zu analysieren, was „hinter der Wand liegt", um dann, wenn der wirkliche Einwand bekannt ist, zu einer gezielten Argumentation bzw. Behandlung überzuleiten. Ein Schlüssel erfüllt nur dann seine Funktion, wenn die einzelnen Zacken unverändert bleiben und in das dazugehörige Schloss eingeführt werden. Ähnlich verhält es sich bei der nachfolgenden Schlüsselformulierung, die mit ihren einzelnen Zacken relativ unverändert bleiben sollte, um ein Höchstmaß an Kundenöffnung zu erreichen.

Der Schlüssel zur Kundenreaktion „kein Interesse" umfasst fünf Zacken und ist aus folgenden Formulierungen zusammengesetzt.

Phase 1: Gut, dass Sie es gleich sagen.

Phase 2: Einmal abgesehen davon, dass Sie im Augenblick wenig Interesse haben,

Phase 3: so sind Sie bestimmt immer daran interessiert,

Phase 4: neue aktuelle Möglichkeiten zum Thema finanzielle Unabhängigkeit kennen zu lernen und zu prüfen.

Phase 5: Denn dies ist ja immer ein zentrales Thema, stimmt´s?

Phase 1	Alternativen: Herr…, Sie sagen gleich, was Sie denken. Das ist ein offenes Wort. Sie sagen gleich, was Sache ist. Sie reden nicht lange um den heißen Brei herum.
Phase 2	Dies ist die entscheidende Phase des Aufschließens, Umlenkens mit dem Ziel, Neugier zu wecken für die Aussage, die nun folgen wird. Die Kundenreaktion wird gespiegelt und durch die Formulierung „im Augenblick" quasi verniedlicht bzw. auf einen minimalen Zeitpunkt reduziert.

Quelle: Klaus-J. Fink, Bei Anruf Termin, 2002

Abbildung 13: Ausschnitt 3 aus einem Telefonskript

Perfect Train
... da ist Zug drin!

Phase 3	Hier wird mit suggestiver Kraft eine positive Unterstellung ins Feld geführt und manifestiert. Bei der Umsetzung der verbalen Strategien ist es immer wieder wichtig, die individuelle Persönlichkeit als Grundlage für die Umsetzung in der Praxis zu berücksichtigen und dies mit Begeisterung zu leben.
Phase 4	Hier wird nochmals auf den Nutzen des Angebots und je nach Belieben auf zwei Aspekte hingewiesen, die mit höchster Wahrscheinlichkeit für den Angerufenen von Bedeutung sind.
Phase 5	Eine solche Formulierung wird in der Rhetorik als „Riegel mit Verstärker" bezeichnet. Das bedeutet, dass die vorherige Aussage im Bewusstsein des Ansprechpartners verriegelt und mit Anhängen des Verstärkers „stimmt´s" eine Zustimmung eingefordert wird.

Möglichkeiten im Umgang mit anschließenden Kundeneinwänden

Phase 1: Lob, Abfedern der Kundenreaktion

Phase 2: Suggestive Eröffnung oder Bumerangmethode

Phase 3: Nutzenargumentation unter Berücksichtigung des Sie-Standpunktes

Phase 4: Terminfrage

Die wirksame Abschlussphase

Zusammenfassung und Nachmotivation:

Nach der erfolgreich abgeschlossenen Einwandbehandlung und der Terminvereinbarung mit dem Kunden, die durch eine weiche Alternativfrage oder eine offene Frage zustande gekommen ist, empfiehlt es sich das gemeinsame Ergebnis nochmals kurz zusammenfassen und den genauen Zeitpunkt zu wiederholen.

Die Nachmotivation könnten Sie z. B. so formulieren: „Herr... dieses Gespräch wird sich für Sie in barer Münze auszahlen." oder „...nach unserem Kennen lernen werden Sie sagen: Gut, dass ich mir die Zeit genommen habe!"

Quelle: Klaus-J. Fink, Bei Anruf Termin, 2002

Abbildung 14: Ausschnitt 4 aus einem Telefonskript

Kundenwahrnehmungen beim Kauf von Finanzdienstleistungen

▶ „Bankverdrossenheit" (... weil „neutrale Stimmung")

▶ Die Zufriedenheit wird weitgehend über Service, Beratung und zwischenmenschliche Beziehung definiert (... weil Produktidentität).

▶ 96 % der Kunden, die mit dem Service unzufrieden sind, teilen dies nicht der Bank, sondern anderen Gesprächspartnern mit.
(Quelle: GfK)

▶ Auf 100 sehr zufriedene Kunden kommen fast 300 sehr unzufriedene Kunden.
(Quelle: Capital)

Quelle: GfK, Capital, 2003

Abbildung 15: Auszug 1 aus der Kick-off-Veranstaltung

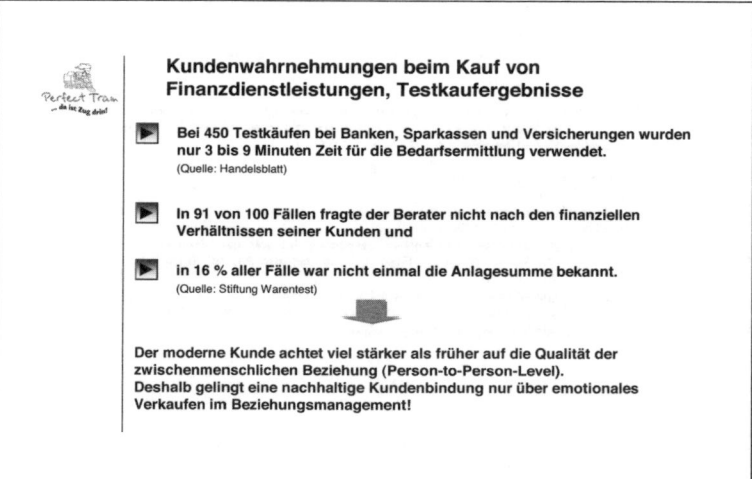

Quelle: Handelsblatt, Stiftung Warentest, 2003

Abbildung 16: Auszug 2 aus der Kick-off-Veranstaltung

Anforderungen an den „neuen" Mitarbeiter im Verkauf von Finanzdienstleistungen

Emotionale und fachliche Kompetenzen sind entscheidend für die Job-Fitness im Verkauf, aber...

▶ Ohne Training gelingt kaum ein stabiles Leistungsniveau.

▶ Training ist ein Prozess und kein einmaliges Ereignis.

▶ Die Praxis bestimmt die Trainings-Performance.

▶ Lediglich durch Off-Job- und Inhouse-Seminare kann die nachhaltige Verbesserung und Stabilität des Leistungsniveaus nicht eintreten.

▶ Die Verkaufs-Praxis schlägt die Seminar-Theorie, d.h. der Arbeitsplatz ist Aus- und Weiterbildungsplatz.

Quelle: Perfect Train

Abbildung 17: Auszug 3 aus der Kick-off-Veranstaltung

Verkäufercoaching – Grundsatz und Anspruch

Optimierung des Beratungs- und Verkaufsverhaltens im Kunden-Echtkontakt durch Hilfe zur Selbsthilfe, um die Anforderungen an den Verkäufer der „neuen" Zeit nachhaltig erfüllen zu können.

Durch gezieltes Coaching...

... die Berater- und Verkäufer-Persönlichkeit optimieren
... die kommunikative Selbstsicherheit und die emotionale Kompetenz steigern
... gezielt zum Abschlusserfolg verhelfen
... persönliche Entwicklungsprozesse über eine systemische Lernziel-Systematik auslösen

Quelle: Perfect Train

Abbildung 18: Auszug 4 aus der Kick-off-Veranstaltung

Im Anschluss an die Kick-off-Veranstaltung beginnt das Vertriebscoaching mit zunächst fünf Beratern. Die Bank kann somit testen, ob der Trainer die Sprache der Berater spricht und ob mit dem Seminardesign eine Verhaltensoptimierung bei den Beratern erreicht wird. So bleibt der Bank oder Sparkasse in einem finanziell überschaubaren Rahmen die Entscheidung, abhängig vom Erfolg der Maßnahme im Anschluss weitere Coachinggruppen jeweils eine Woche lang mit fünf Beratern anzuhängen.

Nachfolgend wird aufgezeigt, wie sich Ablauf und Inhalte einer Coachingwoche gestalten können.

Montag, 1. Tag:

Die Beraterrunde trifft sich um 9.00 Uhr im Seminarraum mit dem Trainer. Nachdem die Gruppe begrüßt und die organisatorischen Rahmenbedingungen besprochen wurden, startet die erste Übung, um die Seminarteilnehmer auf die gemeinsame Woche einzustimmen und den ersten Schritt in Richtung Offenheit und Vertrauen zu initiieren.

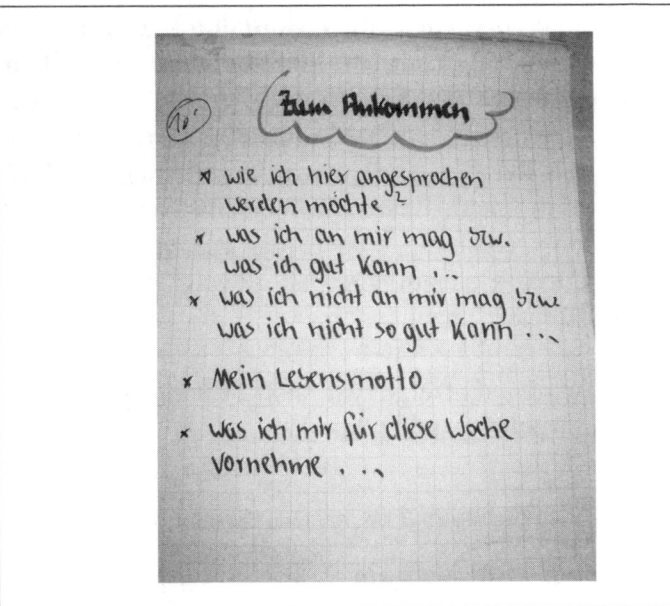

Quelle: Perfect Train

Abbildung 19: Übung zur Einstimmung

Jeder Berater setzt sich für sich circa zehn Minuten mit den genannten Fragen auseinander und beschriftet einen Flip Chart-Bogen mit dem, was er zu diesen Punkten von sich preisgeben möchte. Im Anschluss daran stellen die Berater nacheinander, in Kreisbestuhlung sitzend, die Aussagen zu ihrer Person dar. Dabei ist wichtig, dass jeder Einzelne die volle Aufmerksamkeit erhält, nicht unterbrochen oder inhaltlich gewertet wird. Dadurch erfährt jeder Berater die Würdigung seiner Person und wird mit allen seinen Stärken und Schwächen in der Gruppe und beim Trainer angenommen. Diese Übung fördert bereits am Anfang eine Haltung von Vertrauen, Ehrlichkeit und Natürlichkeit. Diese Werte sind für die Coachingwoche hilfreich, da sie die Möglichkeit eröffnen, sich auf Neuerungen einzulassen und voneinander zu lernen, ohne Widerstand aufzubauen oder seine Persönlichkeit schützen zu müssen. Um die Wirkung dieser Anfangsübung noch zu verstärken, werden Spielregeln für die Vertriebscoachingwoche vereinbart (siehe Abbildung 20).

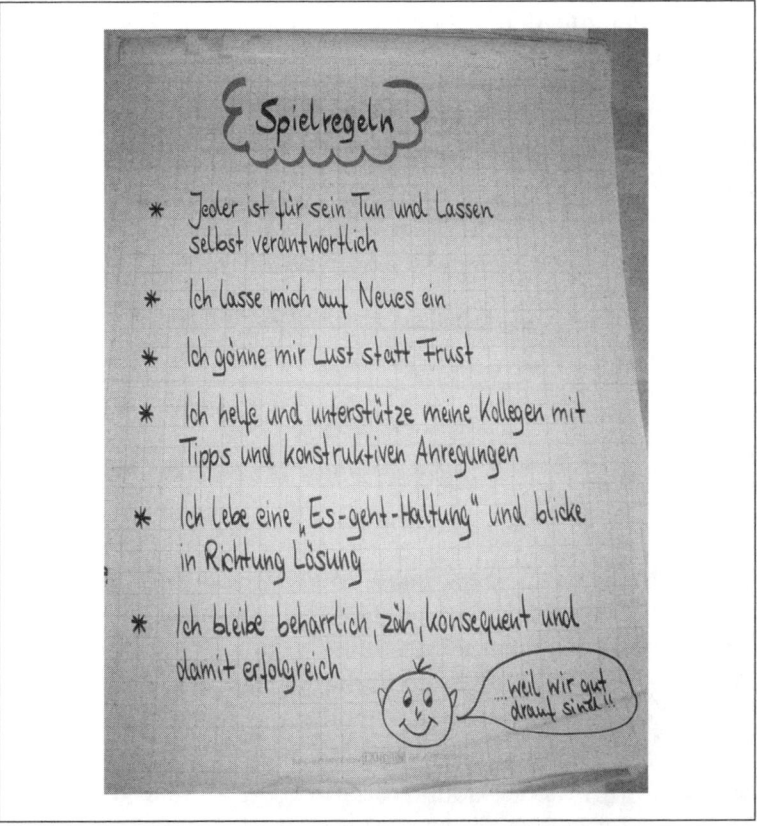

Quelle: Perfect Train

Abbildung 20: Gemeinsame Spielregeln

Die Zustimmung der Berater zu den Spielregeln sorgt für ein gemeinsames Commitment und einen Verhaltenskodex im Sinne eines offenen, fairen und lernfördernden Ablaufs des Coachings.

Durch einen weiteren einleitenden Bestandteil werden die Teilnehmer mit dem Ablauf der kommenden Tage vertraut gemacht.

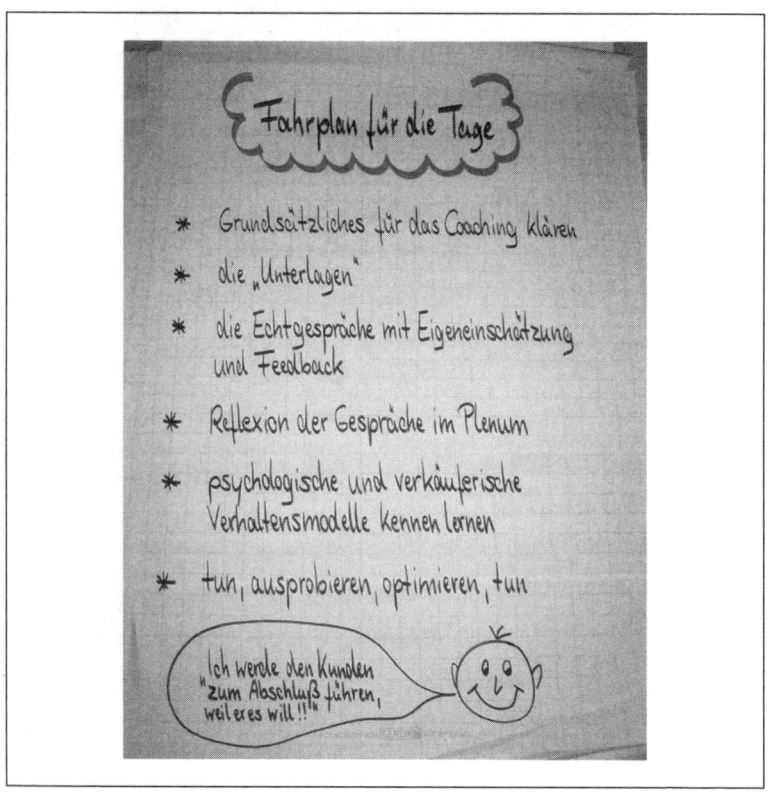

Quelle: Perfect Train

Abbildung 21: Ablauf der Coachingwoche

Nachdem das Organisatorische geklärt ist, werden die Teilnehmer mit den bereits in der Kick Off-Veranstaltung angesprochenen Hintergründen für das Coaching nochmals „emotional abgeholt", um durch Kenntnis der allgemeinen Marktsituation die Bereitschaft und die Einsicht in die Notwendigkeit entstehen zu lassen, den Beratungsstil zu optimieren.

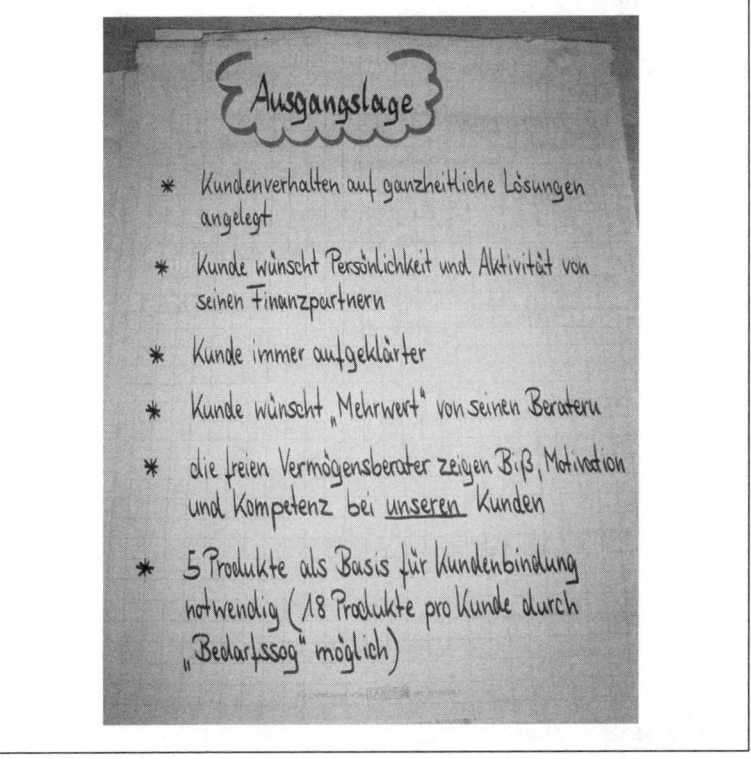

Quelle: Perfect Train

Abbildung 22: Marktentwicklung

Aufbauend darauf können die Berater dann auf die Zwei-Phasen-Situation im Verkaufsgespräch hingeführt werden und auf die Bedeutung der Aspekte Persönlichkeit, Beziehungsaufbau und Analyse.

Quelle: Perfect Train

Abbildung 23: Phasen in der Kundenberatung

Demnach erreichen Spitzenverkäufer ihre Verkaufserfolge also, indem sie es verstehen:

▶ eine Beziehung zum Kunden aufzubauen,
▶ den Kunden zu beeinflussen und für sich zu gewinnen,
▶ Kundenbedürfnisse aufzudecken oder noch besser entstehen zu lassen und sie durch Lösungen zu befriedigen,
▶ durch geeignete persönliche Ziele die eigene Leistung zu verbessern und
▶ sich die richtigen Strukturen zu schaffen, innerhalb derer sie bestmögliche Leistungen bringen können.

Die Anteile Persönlichkeit, Beziehungsaufbau und Analyse bilden das Herzstück der ganzheitlichen Beratung im Erstgespräch. Ein begeisterndes, bedarfsweckendes Gespräch schafft zu 70 bis 80 Prozent die Grundlage, um spätestens im Zweitgespräch, dem Lösungspräsentationsgespräch, zu einem Abschluss zu kommen. Doch wie gelangt der Berater konkret dorthin?

Auf Basis der heutigen Marktsituation reicht es nicht mehr aus, nur die Fälligkeitslisten abzuarbeiten und reine „Produkterklärungsgespräche" zu führen. Vielmehr sind „grundlose" Termine insbesondere mit den verborgenen Kunden gefordert, um einen Bedarf entstehen zu lassen, der vor dem Gespräch mit dem Berater nicht vorhanden war. Also, der Kunde kommt, hat keinen Bedarf und geht nach der Gesamtbedarfsberatung aus der Bank infiziert mit einem „Virus" für einen Handlungsimpuls. Das ist der Königsweg erfolgreicher Finanzverkäufer!

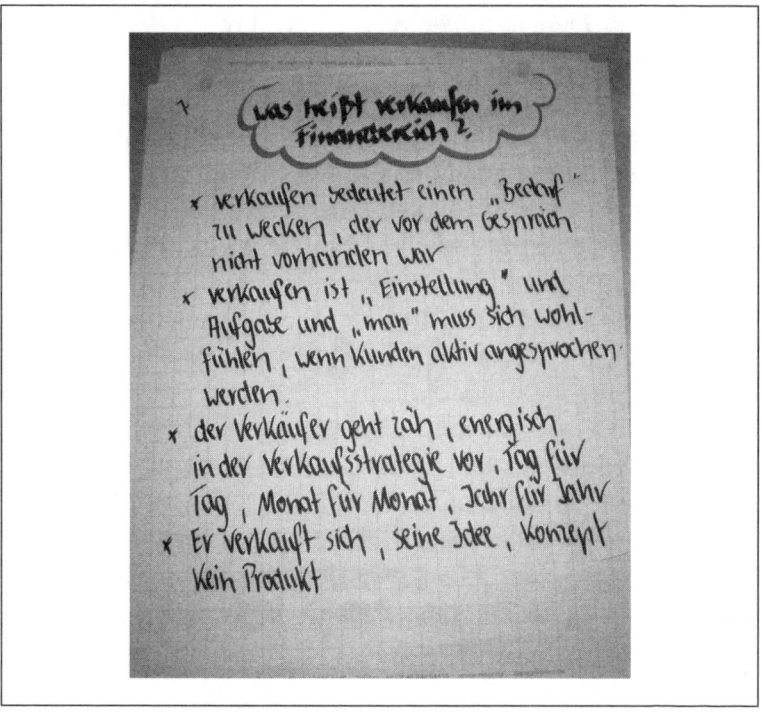

Quelle: Perfect Train

Abbildung 24: Philosophie erfolgreicher Finanzverkäufer

Damit ist der erste Vormittag mit Theorie und Informationen zu Ende. Die Berater und der Trainer treffen sich jetzt an den Arbeitsplätzen in der Bank, um sich auf die Gespräche mit den Kunden vorzubereiten. Aus der Gruppe mit fünf Beratern und einem Trainer bilden sich laut Ablaufplan (siehe Abbildung 11) drei Coaching-Tandems mit jeweils einem Beobachter und einem Berater und je 3 Kundengesprächen pro Berater.

Das Training kann beginnen!

Dienstag, 2. Tag:

Ankommen im Seminarraum. Nachdem der Trainer die Berater begrüßt hat, bittet er sie um ein „Blitzlicht", wie denn der gestrige Abend noch verlief, welche privaten Aktivitäten noch stattfanden und wie sich jeder jetzt gerade im Moment fühlt. Nach dieser kurzen Einstimmungsrunde und nach einigen Körperübungen, die den Kreislauf und das „Wachsein" durch Energie und Spaß fördern, werden zur Auffrischung die Flip Chart-Aussagen vom Vormittag des Vortages im Schnelldurchgang wiederholt.

Danach beginnt die Reflexion der am Nachmittag durchgeführten Beratungsgespräche, um über die Supervision bzw. den Erfahrungsaustausch anhand der Praxisfälle zu lernen.

Die Berater erzählen, wie sie sich gefühlt haben, über ihre Ziele, die Zielerreichung, was ihnen deutlich geworden ist und welche Botschaften bzw. für sie wichtige Erkenntnisse sie aus den Gesprächen mitnehmen.

Es wird sehr schnell klar, dass die Berater die Beobachtung durch den Trainer oder den Kollegen nur die ersten Minuten im jeweils ersten Gespräch als störend empfunden und danach den Beobachter gar nicht mehr wahrgenommen haben. Auch durch die unspektakuläre Vorstellung beim Kunden: „Hallo Herr Meier, seien Sie bitte nicht überrascht, dass wir heute zu zweit sind. Darf ich Ihnen meinen Kollegen Herrn Bierl vorstellen. Wir machen im Haus gerade einen Erfahrungsaustausch im Kollegenkreis, um uns in unseren Beratungen zu verbessern. Herr Bierl wird deshalb hier in der Ecke sitzen, uns aber nicht stören. Er wird sich ein paar Notizen machen, die ausschließlich mich betreffen. Ist das in

Ordnung für Sie, Herr Meier, wenn der Kollege mit dabei ist?" Keiner der Kunden hatte irgendetwas dagegen, ganz im Gegenteil. Ein Kunde lobte sogar diese Art des „Erfahrungslernens", da er diese Methode auch aus seiner Firma kannte und schätzt.

Die Schilderungen der Berater zu ihren Erfahrungen bei den Gesprächen werden anschließend von den Beobachtern ergänzt, sodass daraus zusätzliche Einsichten generiert werden können.

Nachdem alle Beratungsgespräche reflektiert sind, wird durch den Berater, der am Vortag vom Trainer als Beobachter begleitet wurde, die Verkaufsmethodik durch eine szenische Simulation in einem nachgestellten Beratungsgespräch nochmals im Plenum für Nachahmungszwecke vorgestellt. Die Vorgehensweise dazu wurde am Tag zuvor im Dialog Berater/Trainer zwischen den Kundengesprächen durchgesprochen und anschließend direkt in der Praxis ausprobiert.

Was ist Ihnen persönlich wichtig?

Rangfolge Ihrer 3 wichtigsten Ziele

A — Sicherstellung der Liquidität
- Konto und Karten
- Online-Banking
- „Parken" überschüssiger Liquidität

☐ sehr wichtig
☐ wichtig
☐ weniger wichtig

B — Absicherung des Einkommens
- Finanzieller Schutz bei unvorhersehbaren Ereignissen (Unfall, Berufsunfähigkeit, Tod)

☐ sehr wichtig
☐ wichtig
☐ weniger wichtig

C — Absicherung des Sach- und Kapitalvermögens
- Vorhandene Vermögenswerte schützen

☐ sehr wichtig
☐ wichtig
☐ weniger wichtig

D — Absicherung der Gesundheitsversorgung
- Ausreichender Schutz im Krankheits- und im Pflegefall

☐ sehr wichtig
☐ wichtig
☐ weniger wichtig

E — Vermögensbildung / Prämiencheck
- Z. B. Urlaub, Auto, Hobbys
- Ausbildung der Kinder
- Ausnutzung staatlicher Förderungen

☐ sehr wichtig
☐ wichtig
☐ weniger wichtig

F — Altersvorsorge
- Überblick über Ihre aktuelle Versorgungssituation
- Optimierung vorhandener Vorsorge

☐ sehr wichtig
☐ wichtig
☐ weniger wichtig

G — Immobilien
- Eigene 4 Wände
- Wohneigentum vermieten
- Wohneigentum erhalten / modernisieren

☐ sehr wichtig
☐ wichtig
☐ weniger wichtig

H — Vermögensstrukturierung / Steuern sparen
- Maßgeschneiderte und rentable Geldanlage
- Erben und Vererben
- Steuersparmöglichkeiten

☐ sehr wichtig
☐ wichtig
☐ weniger wichtig

■ Welchen monatlichen Betrag möchten Sie für die Erfüllung dieser Wünsche einsetzen?

kurzfristig _____ €   mittel- / langfristig _____ €

Quelle: Württembergischer Genossenschaftsverband

Abbildung 25: Verkaufshilfe zur Gesamtbedarfsberatung

Der Berater demonstriert, wie mit der Verkaufshilfe ein emotionales Verkaufsgespräch entsteht, dass über den „Schneckenansatz", also von außen über die einzelnen Bedarfsfelder immer mehr der Fokus nach innen auf die Hauptziele des Kunden gelenkt wird, bis hin zu den aktuellen drei Hauptzielen, für die akuter Nachfragebedarf durch diese Gesprächsform entstanden ist.

Danach üben die Teilnehmer im Plenum diese Form der strategischen Gesprächführung mit dem vorgestellten „Beratungskonzept", um sich fit zu machen für den nächsten Nachmittag bzw. die nächsten Beratungsgespräche und mit der optimierten Gesprächsform Erfahrungen zu sammeln.

Die Teilnehmer beenden den zweiten Vormittag, nachdem sie intensiv den Gesamtbedarfsansatz geübt haben und wechseln nun wieder auf ihren Arbeitsplatz, um als Berater oder Beobachter den zweiten Durchgang mit Kundengesprächen zu starten.

Der zweite Coachingnachmittag beinhaltet wiederum auch die Beobachtung durch den Trainer – diesmal bei einem anderen Berater - mit anschließendem schriftlichen Feedback über Stärken und Entwicklungsfelder.

Mittwoch, 3. Tag:

Ankommen im Seminarraum mit kurzer Blitzlichtrunde, gefolgt von einer Körperübung, die durch Berührung Ängste und Scheu abbauen soll, um sich ganz auf neue Erkenntnisse einlassen zu können.

Die bereits vermittelten Inhalte werden anhand der an den Wänden aufgehängten Flip Chart-Bögen wiederholt, um wichtige Aussagen aus den Theorieeinheiten zu verankern.

Weiter geht es mit der Supervision der einzelnen Beratungsgespräche. Hier meldet sich sofort eine Teilnehmerin zu Wort, die beschreibt, welche Erfahrung sie beim gestrigen Coaching in der Begleitung des Trainers gemacht hat. Sie ist mutig und fühlt sich wohl in der Gruppe. Daher traut sie sich, über ihr gestriges und auch zuvor immer wiederkehrendes Verhaltensmuster im Umgang mit schwierigen Kunden zu reden. Sie erwähnt, dass sie seit gestern einige neue Gedanken zum Umgang mit „arroganten Kunden" und das Gefühl hat, jetzt stabiler zu sein und neutraler oder souveräner mit diesen Kunden umgehen zu können.

Sinnvoll ist es, den gestrigen Nachmittag auch für die anderen Beraterkollegen im Plenum öffentlich zu machen. Die Beteiligten reflektieren deshalb die zurückliegende Coachingsitzung, um die einzelnen Interventionsschritte kennenzulernen.

Nachfolgend also zusammengefasst der Ablauf einer Coachingsitzung am Nachmittag des zweiten Tages:

Der Trainer und die Beraterin hatten sich 30 Minuten vor dem ersten Kundengespräch getroffen, um das Vorgespräch zu führen.

Trainer: „Hallo Frau Beraterin, wie vereinbart starten wir heute unseren gemeinsamen Coachingnachmittag. Ich freue mich, dass es bei Ihnen so toll mit den Terminen geklappt hat. Was haben Sie für ein Gefühl, so kurz vor unserem ersten Gespräch?"

Beraterin: „Na ja, etwas komisch ist mir schon zumute, wenn Sie als externer Trainer dabei sitzen, mitschreiben und mich beobachten."

Trainer: „Das kann ich gut verstehen und ich denke, gerade beim ersten Gespräch ist vielleicht auch die Aufregung noch größer als bei den nächsten Gesprächen. Sagen Sie Ihren Kunden einfach, dass ich nur zusehe, weil wir als Bank für unsere Kunden die Beratungsqualität optimieren wollen und uns deshalb gegenseitig beobachten, Tipps und Anregungen geben und ich heute bei Ihnen und Sie nächste Woche bei mir zuschauen. Sie werden sehen, Ihr Kunde wird dafür Verständnis aufbringen. Sind Sie damit einverstanden?"

Beraterin: „In Ordnung, dann mache ich die Vorstellung und Ansprache beim Kunden!"

Trainer: „Alles klar, lassen Sie uns jetzt den Kunden analysieren? Welches Profil hat denn Ihr Kunde nach Ihrer Einschätzung?"

Beraterin: „Herr Schneider tritt sehr dominant auf, glaubt, er sei der Beste und hält bei uns einiges an Vermögenswerten. Mir fällt es nicht immer leicht, mich auf ihn einzustellen, da ich mit seinem arroganten Verhalten Schwierigkeiten habe und ihn sofort in eine Schublade stecke!"

Trainer: „Das scheint dann für Sie ja der richtige Kunde zum Üben zu sein, um sich selber und die eigenen Ressourcen noch besser kennen zu lernen. Dazu aber später mehr.

Was ist denn der Gesprächsanlass, den Sie bei der Termin-vereinbarung nannten?"

Beraterin: „Ich habe Herrn Schneider zu einem Termin ge-beten, um ihm unser neues Beratungskonzept vorzustellen und ihn gleichzeitig über aktuelle Neuerungen und Einspar-möglichkeiten zu informieren bzw. ihm diese direkt anhand einer Überprüfung seiner Versicherungsunterlagen zu zei-gen!"

Trainer: „Klasse! Was nehmen Sie sich denn konkret als Ziel für das Gespräch vor? Und woran werden Sie oder ich erkennen, dass Sie Ihr Ziel erreicht haben?"

Beraterin: „Ich möchte ganz konkret den Gesamtbedarfsan-satz mit der Verkaufshilfe ausprobieren und die komplette Analysephase durchführen. Als zweites Ziel habe ich mir vorgenommen, gelassen auf das Verhalten von Herrn Schneider zu reagieren!"

Trainer: „In Ordnung, diese Ziele sind konkret und positiv ohne Negation formuliert." (Eine Negation wäre: „Ich wer-de nicht aufgeregt sein.") „Außerdem haben Sie Ihre Ziele in der Gegenwart formuliert, als ob Sie sie schon erreicht hät-ten. Sie sind messbar und für mich nachvollziehbar. Gut so! Haben Sie alle Störungen ausgeschlossen, also das Telefon umgestellt, den Kollegen mitgeteilt, dass Sie jetzt in der Be-ratung sind und nicht gestört werden wollen, Kaffee und Mineralwasser griffbereit und alle Unterlagen über den Kun-den vorliegen?"

Beraterin: „Alles erledigt. Dann kann ich ja starten!"

Trainer: „Also, geben Sie Gas und viel Erfolg!"

Die Kundenberaterin führt jetzt ihr Verkaufsgespräch in Anwesenheit des Trainers, der abseits, um das Verkaufsgespräch nicht zu stören, im Hintergrund sitzt, beobachtet und mitschreibt.

Trainer (*nachdem das Gespräch beendet ist*): „Geschafft! Erstmal durchatmen und zur Ruhe kommen! Wenn Sie das Gespräch Revue passieren lassen, was haben Sie für einen Gesamteindruck?"

Beraterin: „Na ja, am Anfang war ich sehr nervös, aber mit der Zeit habe ich nicht mehr bemerkt, dass Sie da hinten sitzen und mich stattdessen voll auf meine Beratung konzentriert. Insgesamt habe ich mich ganz wohl, in gewissen Situationen aber auch unsicher gefühlt. Der Kunde, Herr Schneider, so hatte ich den Eindruck, nahm das positiv auf, dass die Bank so ein Coaching für die Verbesserung der Beratungsqualität anbietet!"

Trainer: „Klingt spannend, was Sie da sagen. Wie schätzen Sie denn Ihren Zielerreichungsgrad ein?"

Beraterin: „Ja gut, das erste Ziel, den Einsatz der Verkaufshilfe auszuprobieren, habe ich erreicht. Dabei bin ich übrigens zu einem ganz überraschenden Ergebnis gekommen. Ich dachte, ich weiß schon alles von Herrn Schneider, aber durch den Einsatz dieser Bilder über Ziele und Wünsche und durch die Verwendung von Sog erzeugenden Fragen habe ich ganz neue Bedarfssituationen beim Kunden bemerkt! Das zweite Ziel, mit Gelassenheit auf das Kundenverhalten zu reagieren, ist mir nicht gelungen. Da habe ich mich wieder selber klein gemacht und mich unterlegen gefühlt!"

Trainer: „Meine Beobachtung geht in eine ähnliche Richtung. Das mit dem ersten Ziel, Verwendung des Gesamtbedarfsansatzes, haben Sie klasse hingekriegt! Ein paar Tipps habe ich dazu noch. Mir ist aufgefallen, dass Sie bei den einzelnen Bedarfssegmenten zu schnell durchgegangen sind. Lassen Sie sich Zeit, stellen Sie Fragen an den Kunden, z. B. „Herr Schneider, was fällt Ihnen bei diesem Bild ein?" Erzeugen Sie beim Kunden einen Nachdenklichkeitsprozess und vergessen Sie zwischen den Bedarfsfeldern auch nicht den Small Talk, damit das Gespräch nicht zu hölzern und aufgesetzt wirkt. Setzen Sie auch bei Beginn des Gespräches Kraft und Energie in die Aussage – „Wir haben ein neues Beratungskonzept entwickelt, weil uns immer wieder Kunden darauf hingewiesen haben, dass sie sich über die reinen Bankprodukte hinaus einen Mehrwert in Form von individuellen Lösungen je nach aktueller Lebensphase oder Lebenssituation durch den Berater wünschen!" Bringen Sie hier ruhig über die Gestik und Mimik den Stolz über das entstandene Beratungskonzept zum Ausdruck! Beim zweiten Ziel, der Gelassenheit, haben Sie noch Optimierungsbedarf. Aber vorweg erst mal ein großes Kompliment an Sie, dass Sie sich einen so herausfordernden Kunden für Ihre Coachingsituation ausgesucht haben. Überlegen Sie an dieser Stelle jetzt mal, welche Ihrer Stärken Sie in dem Gespräch eingesetzt haben. Und wie, vermuten Sie, hat sich der Kunde bei Ihnen gefühlt?"

Beraterin: „Da tue ich mich schwer, zu meinen eigenen Stärken etwas zu sagen. Dazu müssen Sie mir etwas sagen. Aber vielleicht soviel – dass ich mich getraut habe, diese neue Verkaufsmethodik auszuprobieren und meine Beharrlichkeit, dass ich zu einem Ergebnis gekommen bin. Zur Frage wie sich der Kunde gefühlt hat denke ich, Herr Schneider hat sich überlegen gefühlt!"

Trainer: „Mir ist noch aufgefallen, wie konsequent Sie Ihr Gespräch durchgeführt haben, dass Sie keinen Produktnamen genannt und immer wieder den Kunden über den Bilderverkauf in einen Wunschfilm hineingezogen und damit Bedarf geweckt haben. Toll war auch, dass Sie weg vom Monolog durch die offenen Fragen zum Dialog gekommen sind und eine durchaus kompetente Gesprächsführung gezeigt haben. Wo sehen Sie nach diesem Gespräch Optimierungsbedarf oder anders formuliert, was machen Sie beim nächsten Kundengespräch anders?"

Beraterin: „Ich habe mich von der Dominanz des Kunden zu sehr beeindrucken lassen und mich zu angepasst und ängstlich im Gespräch verhalten. Da bräuchte ich noch mehr Selbstbewusstsein, um meine Linie im Gespräch durchhalten zu können."

Trainer: „Ich habe bemerkt, dass Ihre Stimme immer leiser geworden und Ihr Körper immer mehr zusammengesackt ist. Ich würde gerne mit einer speziellen Coachingmethode daran arbeiten, da der nächste Kunde ja erst in einer Stunde kommt. Ist das für Sie in Ordnung?"

Beraterin: „Ja, dazu bin ich gern bereit!"

Trainer: „Dann lassen Sie uns anfangen. Können Sie mir in einem Satz sagen, worum es Ihnen im Umgang mit den schwierigen Kunden geht?"

Beraterin: „Ich möchte mit Kunden wie Herrn Schneider gelassen umgehen können, damit ich mir nicht selber im Weg stehe!"

Trainer: „Ich schlage Ihnen folgende Vorgehensweise vor: Als erstes werden wir beleuchten, was genau Sie an Herrn Schneider stört und welches Bild Sie von ihm haben. Wir können vermutlich davon ausgehen, dass auch er Sie nicht nur in einem positiven Licht sieht!"

Beraterin *(herablassend)*: „Ja, davon kann man ausgehen. Er kann sich allerdings gut hinter seiner Arroganz verstecken!"

Trainer: „O. k., genau das werden wir uns jetzt mal näher ansehen. Es sieht so aus, als wenn hier Feindbilder aufeinander treffen. Der nächste Schritt wird sein, herauszufinden, was Ihnen helfen könnte, gelassener mit Herrn Schneider umzugehen. Ich werde die Arbeitsschritte am Flip Chart visualisieren. Wir nennen diese Vorgehensweise Arbeiten mit dem Entwicklungsquadrat. Einverstanden?"

Beraterin: „Klingt ja sehr vielversprechend!"

Trainer: „Stellen Sie sich nochmals Herrn Schneider vor und wie Sie ihn in dem Verkaufsgespräch erlebt haben. Denken Sie an all die Eigenschaften, die Sie an ihm stören. Ganz spontan und unsortiert!"

Beraterin *(beginnt die störenden Eigenschaften aufzulisten)*: „Das hat gut getan. Eine richtige Schimpfkanonade! Aber was machen wir jetzt damit?"

Trainer: „Spüren Sie nochmals, was jedes Wort bei Ihnen auslöst. Sagen Sie mir jetzt die drei Eigenschaften, die Sie am meisten bei Herrn Schneider ablehnen."

Beraterin: „Arrogant, dominant und egoistisch, das sind die Eigenschaften, die mich am meisten bei Herrn Schneider stören."

Trainer: „Man könnte sagen, diese drei Begriffe charakterisieren seine Schattenseite bzw. Ihre Schattensicht von ihm. Im nächsten Schritt finden wir heraus, wie Sie sich selbst in Bezug zu diesen drei Eigenschaften sehen. Sie schildern Herrn Schneider als arrogant. Wie bezeichnen Sie sich selbst im Gegensatz dazu?"

Beraterin: „Dort wo ich ihn als arrogant erlebe, wäre ich zurückhaltend. Bei dominant wäre ich ausgleichend, bei egoistisch bin ich teamorientiert!"

Trainer (*visualisiert die drei Gegensatzpaare*): „Als Nächstes geht es darum, herauszufinden, wie Herr Schneider Sie als Beraterin wahrscheinlich erlebt. Wenn auch er ein Problem mit Ihnen hat, können Sie davon ausgehen, dass er die Eigenschaften, die Sie für sich selbst gefunden haben (zurückhaltend, ausgleichend, teamorientiert) nicht so positiv beschreiben würde. Sie können den entsprechenden Begriff finden, indem Sie Ihre Eigenschaften übertreiben? Also, wie wird er Sie erleben? Wie wirkt Ihre Zurückhaltung auf ihn, wenn er sie negativ bewertet?"

Beraterin (*nachdenklich und erstaunt*): „Das würde er als Durchsetzungsschwäche sehen, da bin ich mir sicher. Ausgleichend bewertet er wahrscheinlich mit wischi-waschi oder so ähnlich und statt teamorientiert bin ich für ihn wahrscheinlich harmoniesüchtig!"

Trainer: „Was sagen Sie dazu?"

Beraterin: „Wenn wir uns beide so sehen, kann ja nichts dabei herauskommen. Wie gehen wir da jetzt weiter vor? Das ist doch noch nicht die Lösung!?"

Trainer: „Nein, jetzt kommt der schwierigste Teil. Höchstwahrscheinlich wird Herr Schneider sich selbst nicht so sehen, wie Sie ihn charakterisieren. Wie wird er sich wohl selbst beschreiben in Bezug auf die drei Eigenschaften, die Sie für ihn gefunden haben? Was ist die positive Seite von arrogant, dominant und egoistisch?"

Beraterin: „Tut mir leid, da kann ich nun wirklich nichts Positives finden. Was soll an arrogant positiv sein?"

Trainer: „Ja, das ist schwer, für abgelehnte oder negativ empfundene Eigenschaften eine positive Beschreibung zu finden. Ich helfe Ihnen dabei."

Fiele es der Beraterin leicht, positive Begriffe zu finden, hätte sie kein Problem mit dem Verhalten von Herrn Schneider. Schließlich entscheidet sie sich für selbstbewusst statt arrogant, führungsstark statt dominant und zielorientiert statt egoistisch.

Trainer: „Sie sehen, wenn Sie diese positiv umgedeuteten Eigenschaften bei sich zur Verfügung hätten, wären Sie kraftvoller und gelassener in Ihren Verkaufsgesprächen."

Beraterin: „Tja, das ist ein interessanter Gedanke. Allein durch diese Umdeutung sehe ich Herrn Schneider jetzt ganz anders. Nur, wie kann ich mir dieses Verhalten angewöhnen?"

Trainer: „Alles der Reihe nach. Lassen Sie uns erst mal hier stoppen und uns auf das nächste Kundengespräch vorbereiten. Ich werde Ihnen dann nach dem nächsten Gespräch eine weitere Methode zeigen, bei der Sie diese Eigenschaften verinnerlichen können."

Beraterin: „Toll, da bin ich ja schon gespannt!"

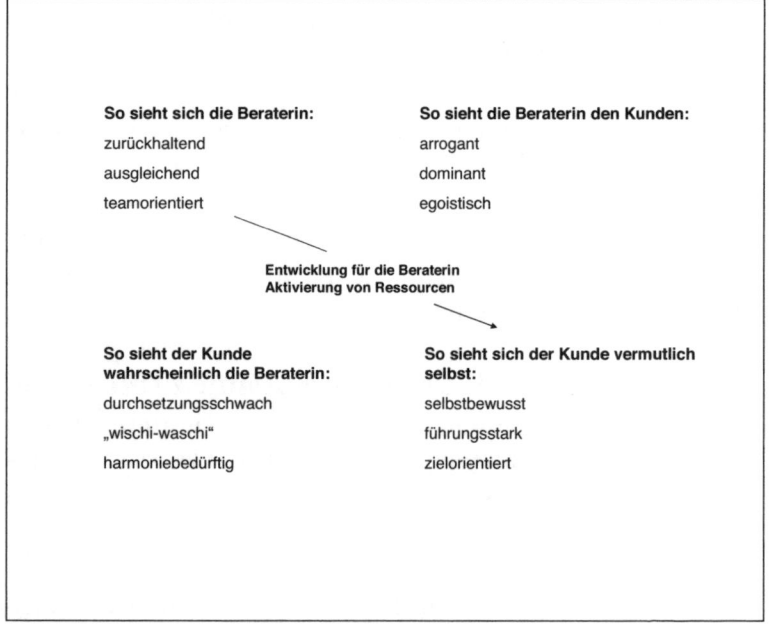

Quelle: Klaus P. Horn / Regine Brick, Organisationsaufstellung und systemisches Coaching, 2003

Abbildung 26: Entwicklungsquadrat

Trainer (*nach dem Kundengespräch*): „Lassen Sie uns jetzt nochmals auf die Situation von vorhin zurückkommen. Ich möchte noch einen weiteren Schritt anfügen. Sie haben erfahren, dass die ursprünglich an Herrn Schneider abgelehnten Eigenschaften für Sie zu Ressourcen werden können. Natürlich stehen Ihnen diese Eigenschaften dadurch noch nicht automatisch zur Verfügung. Jetzt können wir ganz praktisch ausprobieren, was genau sich im Gespräch mit Herrn Schneider ändern würde, wenn Sie die Ressourcen schon zur Verfügung hätten. Einverstanden?"

Beraterin: „Ja, das würde mich schon sehr interessieren."

Trainer: „Wenn Sie mal an Ihre Gespräche mit Herrn Schneider denken, welche der Eigenschaften links oben im Entwicklungsquadrat (siehe Abbildung 26 / zurückhaltend, ausgleichend, teamorientiert) war maßgeblich an den Gesprächen beteiligt?"

Beraterin: „Alle drei!"

Trainer: „Inzwischen haben Sie jedoch anhand des Entwicklungsquadrates verstanden, dass Herr Schneider gerade diese Eigenschaften in der positiven Form bei Ihnen nicht würdigen kann. Er sieht, genau wie Sie bei ihm, nur die Schattenseiten (durchsetzungsschwach, wischi-waschi, harmoniesüchtig). Darauf reagiert er so, wie Sie auch auf seine Schattenseiten reagiert haben."

Beraterin: „Verstehe, dann wären umgekehrt für Herrn Schneider Zurückhaltung, Ausgleich und Teamorientierung mögliche Ressourcen?"

Trainer: „Genau. Wie würden Sie diese drei Teile bei sich zusammenfassend in einem Begriff nennen?"

Beraterin *(sofort)*: „Der Diplomat!"

Trainer: „O. k., und jetzt erinnern Sie sich bitte an die drei Ressourcen, die wir für Sie gefunden haben - selbstbewusst, führungsstark, zielorientiert. Wenn Sie an das nächste Gespräch mit Herrn Schneider denken, welche Eigenschaft wäre Ihnen da besonders von Nutzen?"

Beraterin: „Am besten alle drei. Aber Selbstbewusstsein am aller meisten!"

Der Trainer bittet die Beraterin, drei verschiedenfarbige „Bodenanker" (viereckig zurechtgeschnittene Pappkartons), einen für sich selbst, einen für „den Diplomaten" und einen für „die Selbstbewusste" in ihr, auszuwählen. Die Platzhalter sind so groß, dass man bequem darauf stehen kann. Eine Einkerbung an der Seite zeigt die Blickrichtung an.

Die Beraterin soll zunächst den Bodenanker für ihre eigene Person irgendwo im Raum so auf den Boden zu legen, wie es ihrem Gefühl entspricht. Auf die Frage des Trainers hin, wo der richtige Platz für den Diplomaten wäre, zeigt sie auf eine Stelle sehr nahe rechts neben ihrem eigenen Platzhalter. Der Trainer legt jetzt noch den Anker für Herrn Schneider ihr genau gegenüber. Er bittet sie nun, sich zunächst auf ihren Platz zu stellen und den Diplomaten rechts neben sich zu spüren.

Trainer: „Wie geht es Ihnen an Ihrem Platz mit dem Diplomaten an Ihrer Seite?"

Beraterin: „Das ist mir zu eng. Der bedrängt mich richtig!"

Trainer: „Stellen Sie sich jetzt auf den Platz des Diplomaten. Wie geht es Ihnen dort?"

Beraterin: „Ich bin groß und stark. Ich muss sie beschützen. Sie braucht mich." *(zeigt dabei auf den Bodenanker für die Beraterin).*

Trainer: „O. k., gehen Sie jetzt wieder auf Ihren eigenen Platz und stellen Sie sich vor, Herr Schneider stünde vor Ihnen. Lassen Sie in meiner Hand ein Bild von ihm entstehen." *(Der Trainer hält einen ausgestreckten Arm über dem Bodenanker für den Kunden in Augenhöhe der Beraterin. Die Innenseite seiner Hand dient als Projektionsfläche.)* „Können Sie ihn sehen? Wie schaut er Sie an?"

Beraterin: „Nicht mehr so arrogant wie sonst. Er schaut sogar ein bisschen freundlich."

Trainer: „Spüren Sie Ihren Diplomaten neben sich und sagen Sie Herrn Schneider: ‚Ich bin die richtige Beraterin für Sie!' Wie reagiert er?"

Beraterin (schüttelt resignierend den Kopf): „Er reagiert überhaupt nicht. Es ist, als ob ich gegen eine Wand sprechen würde!"

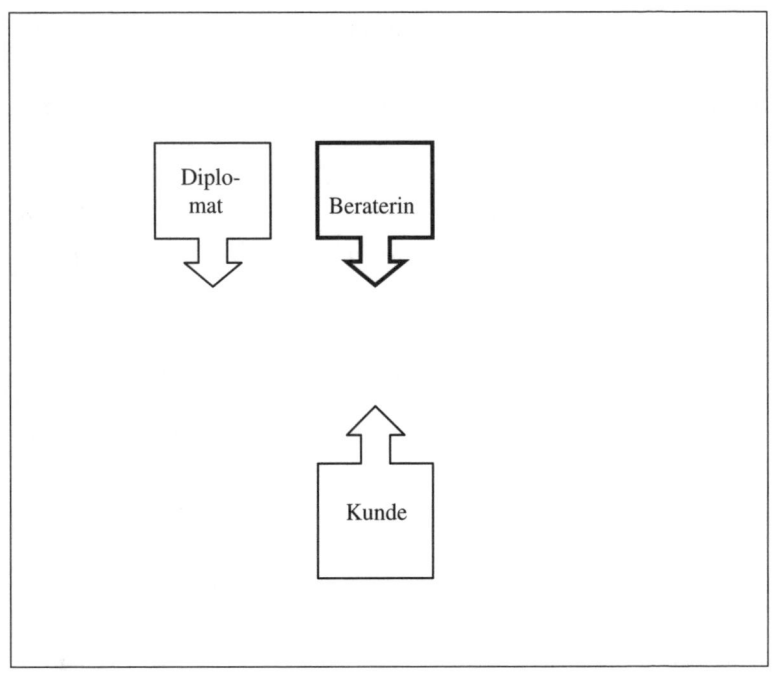

Quelle: Klaus P. Horn / Regine Brick, Organisationsaufstellung und systemisches Coaching, 2003

Abbildung 27: Ressourcenintegration, Schritt 1

Trainer: „Genau, Sie senden nicht auf seiner Wellenlänge. Ich möchte etwas ausprobieren. Stellen Sie sich vor, Ihre Ressource, die Selbstbewusste, stünde Ihnen zur Verfügung und wäre beim Gespräch mit Herrn Schneider dabei. Wie wäre das für Sie?"

Beraterin: „Ich glaube unser Gespräch würde ziemlich anders verlaufen!"

Trainer: „Was sich verändern würde, können wir testen. Stellen Sie sich vor, diese Ressource wäre nicht in Ihnen, sondern hier im Raum. Wo müsste sie sein, damit sie Ihnen helfen könnte, das Gespräch erfolgreich zu führen?"

Spontan zeigt die Beraterin hinter sich. Der Trainer legt den Platzhalter für „die Selbstbewusste" hinter die Beraterin auf den Boden.

Trainer: „Was hat sich verändert?"

Beraterin: „Mein Stand ist fester und ich fühle mich insgesamt kraftvoller. Jetzt wo sie da ist *(zeigt hinter sich)*, fühle ich mich nicht mehr so bedrängt von ihm." *(zeigt auf den Platz des Diplomaten rechts neben sich)*.

Trainer: „Indem Sie in Verbindung mit beiden, dem Diplomaten und der Selbstbewussten in Ihnen sind, schauen Sie jetzt bitte nochmals Herrn Schneider an und wiederholen den Satz: Ich bin die richtige Beraterin für Sie! Wie schaut er Sie jetzt an?"

Beraterin: „Ich kann es kaum glauben, er wirkt interessiert!"

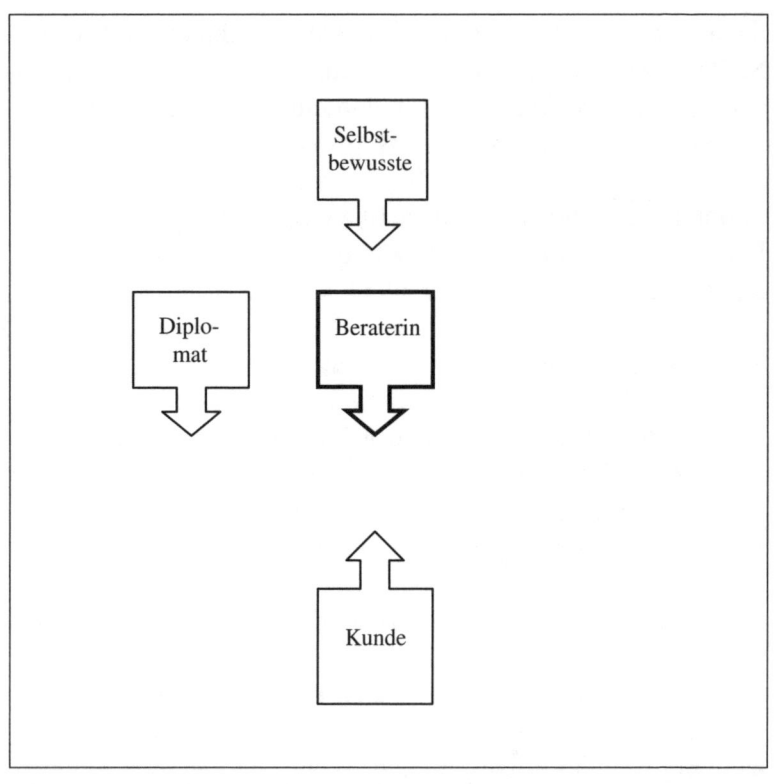

Quelle: Klaus P. Horn / Regine Brick, Organisationsaufstellung und systemisches Coaching, 2003

Abbildung 28: Ressourcenintegration, Schritt 2

Das Nachgespräch:

Trainer: „Wie geht es Ihnen jetzt nach der Coachingrunde?"

Beraterin: „Ich bin erstaunt, wie sich meine Sichtweise in kurzer Zeit verändert hat. Ich hätte nicht geglaubt, dass diese Ressourcenarbeit so wirksam ist. Danke! Können Sie mir noch sagen, wie ich beim nächsten Gespräch mit Herrn Schneider den gleichen Erfolg habe wie hier in der Übung? Gibt es da noch etwas, was ich von mir aus tun kann?"

Trainer: „Erinnern Sie sich an Ihre Erfahrung in diesem Coaching und lassen Sie sie wirken. Sie werden mit der Zeit immer mehr spüren, dass Menschen, die Sie bislang als arrogant bezeichnet haben, Sie nicht mehr aus dem Gleichgewicht bringen, weil Sie jetzt Ihre Ressource integriert haben. Sie haben ja gesehen, was sich verändert, wenn Sie auch eine selbstbewusste Seite zur Verfügung haben. Mit diesem Bild gehen Sie in Ihre nächsten Gespräche. Nehmen Sie beide mit – die Selbstbewusste und den Diplomaten. Sie brauchen beide! Und lassen Sie sich vor allem Zeit. Viele Jahre war Ihr Diplomat am Ruder! Der hat die älteren Rechte und lässt sich nicht einfach verdrängen. Damit das Bild in der Anfangszeit, bis es im Unterbewusstsein verankert ist, für Sie auch zum Anfassen ist, und Sie vor einem schwierigen Gespräch immer wieder Kraft tanken können, werde ich Ihnen von der Lösungskonstellation noch ein Bild mit der Digitalkamera machen und zuschicken. Wenn Sie möchten, können Sie sich dieses Bild dann ausdrucken und auf Ihrem Beraterplatz positionieren, sodass Sie zur rechten Zeit immer wieder einen guten Anker haben. Das war das eine, das Sie tun können. Ansonsten empfehle ich Ihnen noch zwei kleine Techniken. Diese sind unspektakulär, aber sehr wirksam. Die eine Technik nennt sich STARS AND STRIPES. Wenn also wieder einmal das Verhalten eines Kunden verunsichernd auf Sie wirkt und Sie dadurch negative Gefühle oder eine geschwächte Energie haben, dann nutzen Sie einfach Ihre Phantasie und verändern Sie in Ihrer Vorstellung das Erscheinungsbild dieser Person. Zaubern Sie ihr ein strahlendes Lächeln ins Gesicht, machen Sie die Haare grün, setzen Sie ihr einen bunten Hut auf oder ziehen Sie ihr eine Jacke an mit den Sternen und Streifen der amerikanischen Flagge. Gestalten Sie sich Ihren Kunden so, dass Sie wieder mit angenehmen Gefühlen agieren können. Für Ihre Angst ist dann kein Platz mehr. Eine andere Technik nennt sich DONALD DUCK LANGUAGE. Im Gegensatz zu den optischen Veränderungsmöglichkeiten geht es hier um die Stimme. Geben Sie Ihrem Kunden, der Ihnen mit unangenehmer Stimme unerfreuliche Dinge sagt, in Ihrer Vorstellung doch mal die Stimme von Donald Duck oder Pumuckl. Wenn Sie mit Hilfe Ihrer Gedanken die Stimme des Kunden verändern, sodass Sie keine negativen Empfindungen bekommen, dann wird Ihre eigene Stimme optimistisch und selbstbewusst klingen. Dadurch wiederum vergrößert sich die Wahrscheinlichkeit, dass Ihr Kunde langsam auf Ihren Kurs einschwenkt und sich mit seinem Ton an Sie angleicht."

Beraterin: „Gute Ideen, das probiere ich auf jeden Fall aus!"

Trainer: „So, das war es für heute. Ich haben Ihnen aus allen drei Gesprächen die beobachteten Stärken und Entwicklungsfelder einschließlich Tipps und Empfehlungen schriftlich zusammengefasst, damit Sie sich an diesen Coachingtag auch noch in einigen Tagen, Wochen oder Monaten erinnern. In Ordnung?"

Beraterin: „Ja. Ich bin jetzt nach diesem Nachmittag ziemlich platt. Aber irgendwie ist das angenehm, und ich fühle mich reich beschenkt. Ich merke, dass da bei mir etwas Neues entsteht. Mal sehen, wie es weitergeht. Nochmals vielen Dank für die Unterstützung. Das hat mir sehr geholfen!"

Wieder zurück zum Plenum nach der Schilderung dieser Coachingeinheit vom Vortag durch den Trainer.

Trainer: „Herzlichen Dank an die Kollegin, dass wir diesen Fall nochmals in aller Ausführlichkeit hier darstellen durften. Ich denke, das Thema Ressourcenintegration ist bei vielen Beratern eine sinnvolle Coachingmaßnahme, um Balance und Stabilität in den Verkaufsgesprächen zu entwickeln. Dies ist vor allem dann sehr entscheidend, wenn es darum geht, das Beratungskonzept mit Kraft und Überzeugung dem Kunden vorzustellen, bei der Darstellung und Fragestellung zu den einzelnen Bedarfsfeldern, bei der Zusammenfassung und der Priorisierung der Hauptschwerpunkte, bei der Frage nach der monatlichen Investition für die Erreichung der Wünsche und Ziele und nicht zuletzt, um mit Mut und Biss die Dringlichkeit für eine Kaufentscheidung beim Kunden zu erhöhen, die dem Berater einen Abschluss bringt. Bei allen diesen Punkten ist es unabdingbar, in voller Balance und Kraft mit seinem Tun und Vorgehen zu sein. Lassen Sie uns jetzt in der Runde nochmals alle Ihre wichtigen Erfahrungen und Erkenntnisse wiederholen und schriftlich festhalten, die Sie bis jetzt mit dem Gesamtbedarfsansatz gesammelt haben und anschließend weiter üben."

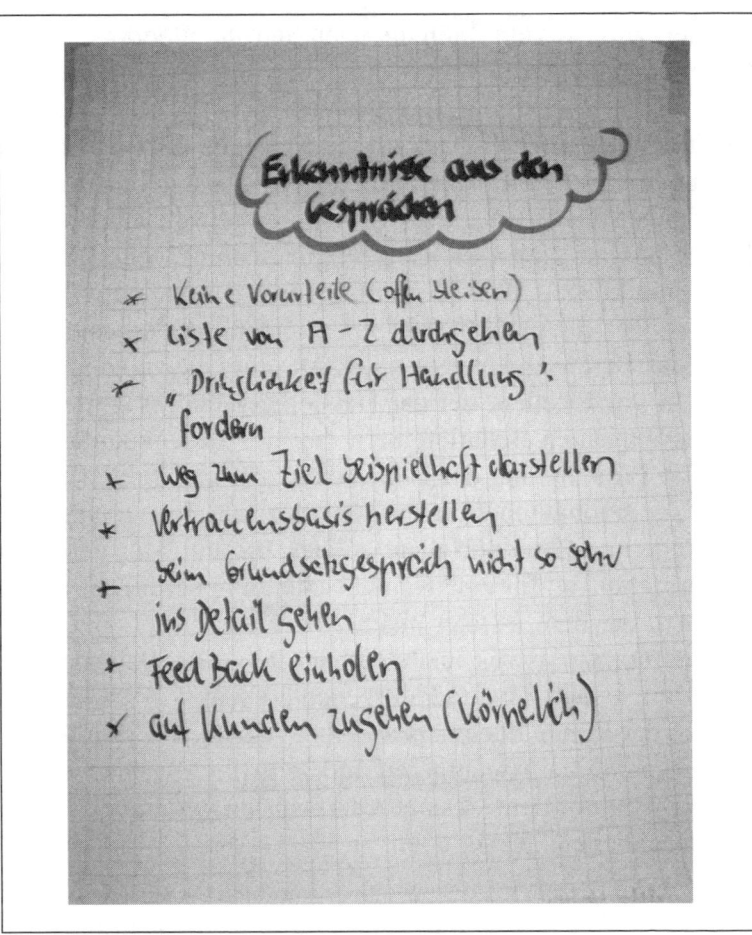

Quelle: Perfect Train

Abbildung 29: Erkenntnisse aus den Gesprächen, Beispiel

Nach dieser Zusammenfassung ergänzt der Trainer noch weitere wichtige Aspekte, die für den Erfolg bzw. Nichterfolg bei Verkaufsgesprächen eine Rolle spielen.

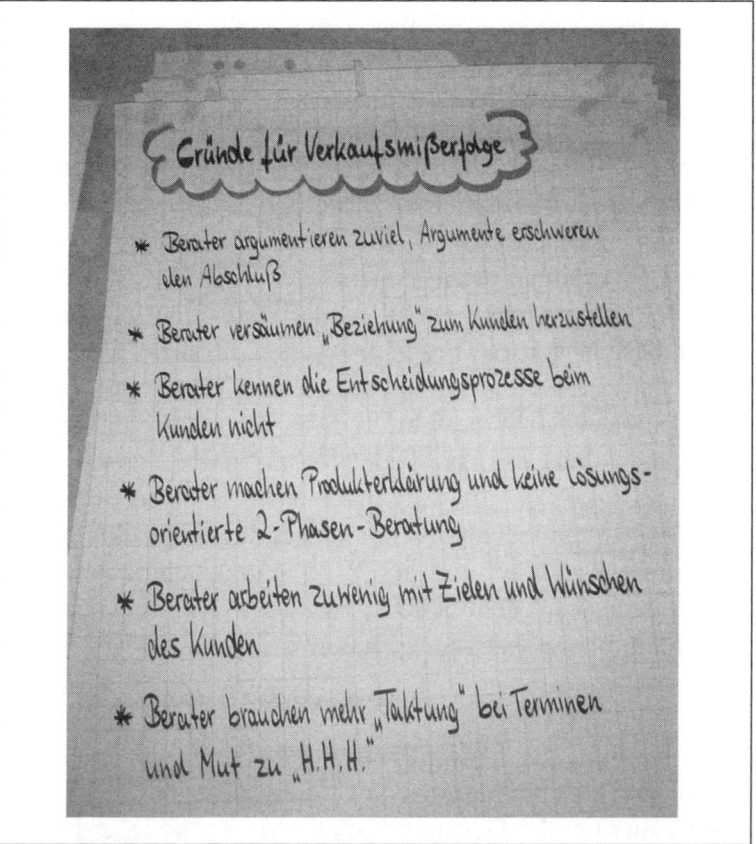

Quelle: Perfect Train

Abbildung 30: Gründe für Verkaufsmisserfolge

Im nächsten Schritt, bis zur Mittagspause des dritten Tages, übt die Gruppe im Seminarraum unter Anleitung des Trainers den Gesamtbedarfsansatz weiter zu verinnerlichen. Die Teilnehmer entwickeln ohne Zuhilfenahme des Beratungsbogens auf einem leeren Blatt Papier die Bedarfssituationen zusammen mit dem Kunden. Vorab erhalten die Teilnehmer eine Demonstration durch den Trainer, um zu erfahren, wie sie konkret vorgehen und worauf sie achten sollen.

Dazu malt der Trainer auf einen Flip Chart-Bogen einen Baum, der links und rechts nach und nach mit Ästen von gängigen Bedarfssituationen „bestückt" wird, um den Kunden damit in einen Prozess des Nachdenkens über seine aktuelle Lebenssituation zu steuern, ihm bewusst zu machen, dass bei diesem oder jenem Bedarfsfeld eine persönliche Lücke besteht und die Frage anzuregen, ob diese Lücke geschlossen werden soll oder ob zu diesem Thema ggf. bereits eine Teilversorgung besteht, sodass nur noch ein Teil mit einer passenden Lösung abgedeckt werden muss usw.

Der Trainer entwickelt also ausgehend von der Idee einer lückenlosen, stabilen und auf Wachstum ausgerichteten Finanzplanung mit dem dafür gewählten Synonym „Baum" den „Stamm" mit folgenden „Ästen":

▶ Liquidität und Service,
▶ Absicherung des Einkommens,
▶ Einsparcheck bei bestehenden Versicherungen,
▶ Absicherung des Gesundheitsbedarfs,
▶ Vermögensbildung, finanzielle Reserven, Prämiencheck,
▶ Altersvorsorge,
▶ Immobilien,
▶ Vermögensstrukturierung, Vererben und Erben.

Die Teilnehmer sind nun in Partnerarbeit gefordert, sich zunächst Fragen zu den einzelnen Bedarfssituationen zu überlegen. Ziel ist es, den Kunden mit diesen Fragen in die Nachdenklichkeit zu bringen, einen Bedarf aufzudecken, der gegebenenfalls im Alltag noch nicht erkannt bzw. immer wieder aufgeschoben wurde. Dabei immer wieder wichtig: Die Fragen sollen „Sog" erzeugen oder Dringlichkeit für einen Handlungsimpuls zugunsten einer Kaufentscheidung auf Seiten des Kunden auslösen!

So sammeln die Berater zu den einzelnen Bedarfsfeldern folgende Argumentationen:

▶ *Sicherstellung der Liquidität und Service*
- Einen Euro mehr zur Verfügung zu haben als man gerade ausgeben will, gerade beim Girokonto, ist das auch bei Ihnen ein Thema?
- Wollen Sie Ihr Girokonto noch komfortabler nutzen?
- Was ist Ihnen beim Girokonto besonders wichtig?
- Arbeiten Sie auch mit dem Computer, und kennen Sie unseren Service dazu schon?
- Welche Wünsche würden Sie sich mit mehr finanziellem Spielraum erfüllen?
- Sie haben eine Eurocheque-Karte? Ist doch angenehm, wenn man zu jeder Tageszeit über sein Geld verfügen kann, oder?

▶ *Absicherung der Lebensrisiken, des Einkommens*
- Angenommen, Sie könnten morgen Ihren Beruf nicht mehr ausüben, welche Konsequenzen hätte das für Sie?
- Was wäre, wenn Ihr Nettoeinkommen von heute auf morgen wegbrechen würde?
- Welche Reaktionen hätten Sie vom Umfeld zu erwarten?
- Ein Beispiel möchte ich Ihnen dazu verdeutlichen: Sie verdienen jetzt 3.000 Euro netto im Monat und sind 40 Jahre alt, ja? Wie lange möchten Sie denn noch arbeiten? Maximal bis 60? Das kann ich gut verstehen. Das

heißt, Sie hätten noch 20 Jahre zu arbeiten. Bei einem Jahreseinkommen von netto 36.000 Euro würden Sie bei gleichbleibendem Verdienst bis zum 60. Lebensjahr noch 720.000 Euro verdienen. Hätten Sie das gedacht, dass Ihre Arbeitskraft soviel wert ist? Für das Auto hat jeder eine Versicherung, oft sogar eine Vollkaskoversicherung. Und für die Arbeitskraft besteht rein gar keine Absicherung?! Was sagen Sie dazu? Wie ist Ihre Familie optimal gegen einen unvorhergesehenen Schicksalsschlag geschützt?

▶ *Vorhandene Vermögenswerte schützen*
  – Was glauben Sie, wer bekommt eher Recht, der mit oder ohne Rechtsschutz?
  – Was halten Sie davon, Einsparmöglichkeiten kennen zu lernen, die Ihre Versicherungen betreffen?
  – Was müssten Sie ausgeben, wenn Sie Ihren Hausrat jetzt neu ersetzen müssten?
  – Ist Ihnen bewusst, dass Sie schon durch eine kleine Unaufmerksamkeit den Rest Ihres Lebens mit Zahlungen verbringen können, die Ihre Lebensqualität erheblich einschränken?

▶ *Absicherung der Gesundheitsversorgung*
  – Die gesetzlichen Gesundheitssysteme verlagern die Leistungen immer mehr auf Sie als Bürger. Welche Aktivitäten, um sich optimal zu schützen, haben Sie dazu schon ergriffen?
  – Wollen Sie zweitklassig und als Bittsteller beim Arzt behandelt werden, oder legen Sie dabei Wert auf Individualität, Wertschätzung und Professionalität durch Ihren Arzt?

▶ *Vermögensbildung, finanzielle Reserven und Prämien-check*
  - Wissen Sie, wie viel Geld Sie vom Staat geschenkt bekommen?
  - Wie wichtig ist Ihnen die Zukunft Ihrer Kinder?
  - Was schätzen Sie, wird der Führerschein, die Ausbildung oder das Studium Ihres Kindes kosten?
  - Was halten Sie von einem BaFöG-Ersatz für Ihr Kind, ohne es Nachtarbeit oder sonstigen Störungen auszusetzen, die das Studium gefährden könnten?

▶ *Immobilien*
  - Wenn man die Bilder der Wirtschaftskrise im Fernsehen verfolgt, bleibt die letzten Jahrzehnte die Immobilie immer wieder als Fels im Sturm der finanziellen Gewitter bestehen. Wollen Sie auch diese Stabilität für sich erreichen?
  - Bei bestehenden Immobilien: Was halten Sie von einem Dachgeschossausbau, Wintergarten, einer neuen Heizungsanlage, einem Grundstückskauf, Modernisierung, einer Solaranlage usw.

▶ *Altersvorsorge*
  - Haben Sie auch schon einen Brief von der BfA erhalten? Wie hoch ist Ihre Lücke zum jetzigen Nettoeinkommen?
  - Wie sichern Sie Ihren 365 Tage-Urlaub ab, damit Sie Ihr Leben genießen können?
  - Mal so als Beispiel: Jetzt verdienen Sie 3.000 Euro netto im Monat und haben 30 Tage Urlaub pro Jahr. Im Rentenalter haben Sie nur noch 1.100 Euro im Monat und 365 Tage Urlaub? Ist das nicht eine Diskrepanz?

- Wo gibt man mehr Geld aus, im Urlaub oder während der Arbeitszeit? Genau, im Urlaub. Da müssen Sie doch einfach was tun, oder?

▶ *Vermögensstrukturierung*
  - Es hat dieses Jahr Änderungen im Steuerbereich (ZAST) gegeben. Wie wirkt sich das bei Ihnen aus?
  - Was halten Sie von einer maßgeschneiderten, fristenstimmigen Vermögensstruktur für Ihre Anlagen?

Die Berater präsentieren ihre Beispiele und werden durch den Trainer mittels kurzer szenischer Rollenspiele in die Beraterrolle versetzt, um diese Beispiele gleich auszuprobieren und damit ein inneres Drehbuch anzulegen, den Kompetenzzuwachs zu verinnerlichen für die nächsten Kundenechtgespräche am Nachmittag.

Zur Einstimmung auf die Gespräche legt der Trainer vorab noch einige ergänzende Charts auf, um die Berater für weitere Aspekte zu sensibilisieren.

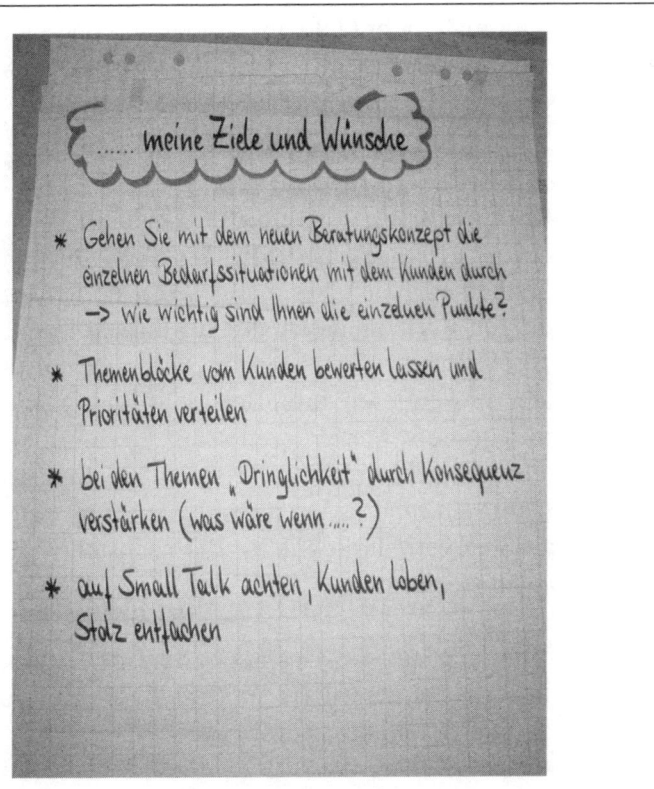

Quelle: Perfect Train

Abbildung 31: Ziele und Wünsche im Kundengespräch

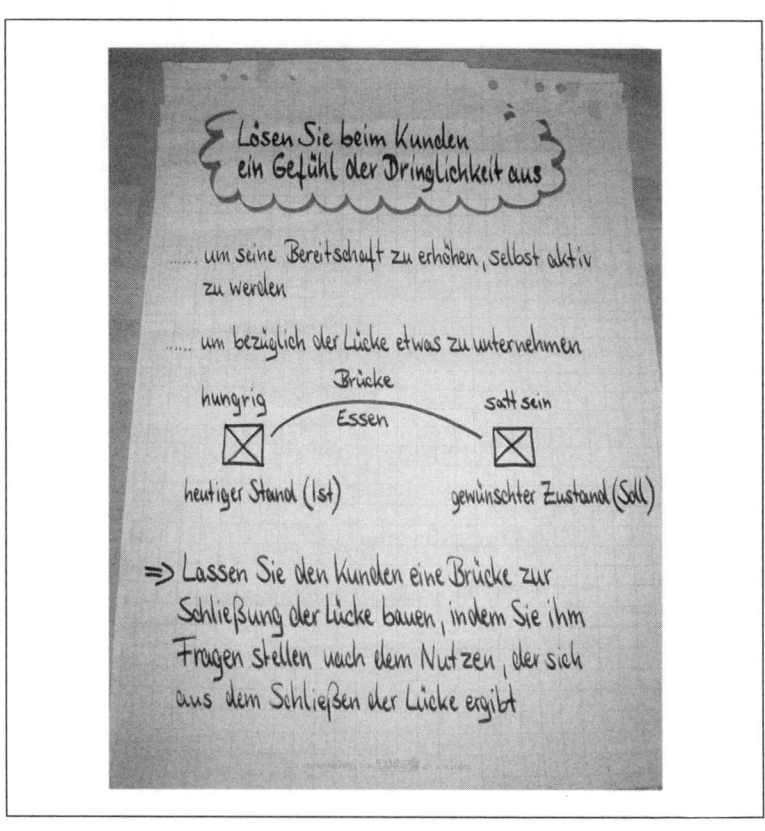

Quelle: Perfect Train

Abbildung 32: Auslösen von Dringlichkeit zum Abschluss

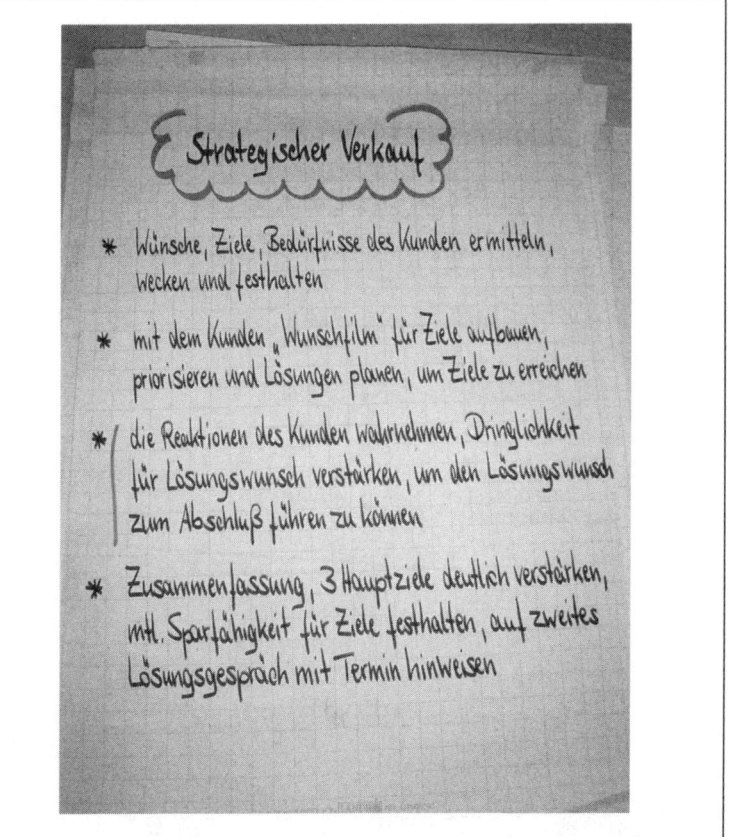

Quelle: Perfect Train

Abbildung 33: Aspekte des strategischen Verkaufs

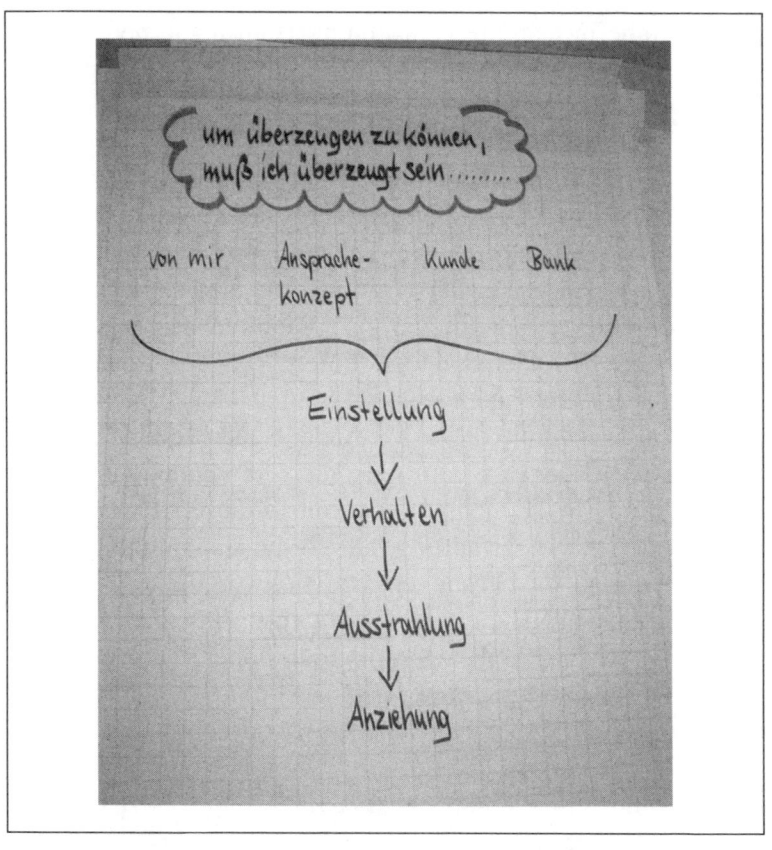

Quelle: Perfect Train

Abbildung 34: „Nur wer überzeugt ist, kann überzeugen"

Donnerstag, 4. Tag:

Die Teilnehmer werden wie gewohnt mit einer anfänglichen Blitzlichtrunde auf den Tag eingestimmt. Es folgen einige Körperübungen und eine Wiederholung der wichtigen Aussagen vom Vortag durch den Trainer, um durch die permanente Erinnerung an die gemachten Erfahrungen neue Sichtweisen zu verankern und damit die optimierten Verhaltensstrategien in das tägliche Tun zu befördern.

Nachdem die Teilnehmer wieder ihre Beratungsgespräche vorgestellt haben, wichtige zusätzliche Hinweise durch die Beobachter ergänzt und die Erkenntnisse nochmals festgehalten wurden, ist in der Gruppe klar, dass diese gesamtbedarfsorientierte Vorgehensweise wichtige zusätzliche Informationen über den Kunden liefert, die der Berater vor dem Gespräch überhaupt nicht vermutet hätte. Ebenso wird deutlich, dass durch diese Methode Bedarf beim Kunden geweckt wird, der vor dem Gespräch überhaupt nicht vorhanden war. Ein Teilnehmer erwähnt in diesem Zusammenhang seine positive Erfahrung. Durch die Einengung der Bedarfsfelder und das Festlegen von Schwerpunkten entsteht beim Kunden ein Handlungsimpuls: Die Angaben zur monatlichen Sparfähigkeit liegen deutlich höher als in der Vergangenheit. Zudem ist eine erhöhte Produktnutzungsquote bzw. Cross-Selling-Rate als Konsequenz erkennbar.

In der Runde im Plenum entsteht daraufhin das Bedürfnis, dieses Gespräch, wie es der Kollege in seinem Erfahrungsbericht geschildert hat, nochmals nachzustellen, um Besonderheiten und Tipps für die Praxis abzuleiten.

Der Trainer bittet daraufhin den Berater, die Kundenausgangssituation nochmals kurz zu schildern, damit für alle die Rahmenbedingungen klar und nachvollziehbar werden.

Trainer: „Wir stellen Ihnen jetzt also eine mögliche Form und Vorgehensweise der Gesamtbedarfsberatung vor, so wie sie am gestrigen Nachmittag erfolgreich verlaufen ist. Bitte achten Sie auf Formulierungen und Wirkungen beim Kunden und nehmen Sie für sich heraus, was Sie für Ihre Gespräche gut gebrauchen können!"

Berater und Trainer (der den Kunden „spielt") setzen sich in einem 45-Grad-Winkel an den Tisch, so dass der Kunde die Möglichkeit hat, gut mit in die Verkaufshilfe bzw. die Visualisierung hineinschauen zu können. Das Gespräch beginnt.

Berater: „Hallo Herr Bierl, vorweg erst mal danke, dass es mit dem Termin geklappt hat. Und da wir uns ja noch nicht kennen, möchte ich mich auch gleich bei Ihnen vorstellen. Mein Name ist Franz Meier. Ich bin hier Kundenberater in der xy Bank und betreue einen ausgewählten Kundenkreis, zu dem auch Sie zählen. Ganz kurz noch ein paar Daten zu mir, damit Sie in etwa ein Bild haben. Ich bin verheiratet, habe eine zehnjährige Tochter und bin jetzt seit einem Jahr hier in der Geschäftsstelle. Darauf bin ich sehr stolz, weil unsere Bank in diesem Marktgebiet sehr erfolgreich ist und ein gutes Image hat. Ansonsten ist vielleicht noch wichtig für Sie, dass wir insgesamt 40 Geschäftsstellen haben und auf erfolgreiche Verbundpartner im Bereich Bausparen, Gesundheitsvorsorge, Renditesparen, beim Absichern von Lebensrisiken und zum Schutz für das Alter zurückgreifen können. Soweit die wichtigsten Eckdaten. Bevor wir starten, noch eine für mich wichtige Frage an Sie: Was erwarten Sie von mir als Ihrem persönlichen Ansprechpartner jetzt und in Zukunft?"

Kunde: „Ja, erst mal vielen Dank für den Anruf. Ich war sehr verwundert, dass mich die xy Bank anruft, denn bisher hatte ich immer so den Eindruck, man wird nur kontaktiert, wenn Anlagen fällig werden oder wenn die neue

Eurocheque-Karte eingetroffen ist. Sie haben mich neugierig gemacht, als Sie mir sagten, Sie möchten mir Ihr neues Beratungskonzept vorstellen und mir gleichzeitig die Gelegenheit geben, eventuelle Optimierungsmöglichkeiten bei meinen Anlagen kennen zu lernen sowie meine finanziellen Planungen und Vorhaben für die Zukunft zu besprechen. Auf Ihre Frage, was ich von Ihnen erwarte: Ich möchte nicht wie bisher ein bis zwei Jahre überhaupt nichts von Ihnen hören, sondern regelmäßig, mindestens einmal im Jahr von Ihnen aktiv zu einem Gespräch eingeladen werden, damit mir das nicht wieder passiert, wie vor einigen Jahren mit meinen Fonds, die in den Keller rutschten und ich mir da einfach gewünscht hätte, vorher über mögliche Unsicherheiten rechtzeitig informiert zu werden. Na ja, aber das ist Vergangenheit. Heute bin ich einfach mal neugierig, worum es geht, denn aktuell sehe ich keinen akuten Bedarf bei mir."

Berater: „Vielen Dank für Ihre offenen und klaren Worte. Ich kann Ihre Aussagen gut verstehen und freue mich sehr, Ihnen unser Beratungskonzept heute vorstellen zu können. In diesem Konzept, das nicht zuletzt aufgrund vieler Anregungen unserer Kunden entstanden ist, geht es darum, mit Ihnen über Ihre finanziellen Planungen zu sprechen und gleichzeitig zu schauen, was Sie für die entscheidenden Lebenssituationen bereits für Vorkehrungen getroffen haben und wo es ggf. noch Lücken gibt. Dabei haben Sie die Möglichkeit, sich über die Konsequenzen und deren Auswirkungen auf Ihre Ziele klar zu werden und vor diesem Hintergrund mit mir gemeinsam Ideen für eine sinnvolle Lösung zur Schließung eventueller Lücken zu finden, damit Sie mit Ihren finanziellen Überlegungen auf der sicheren, lohnenden Seite im Leben stehen. Ist das so in Ordnung für Sie?"

Kunde: „Ja gut, dann lassen Sie uns mal anfangen."

Der Berater platziert daraufhin die Verkaufshilfe so auf dem Tisch, dass der Kunde die Schritte mitverfolgen kann.

Berater: „Wie Sie hier sehen, haben wir die wichtigsten Lebens- und Bedarfssituationen zusammengetragen, und ich will jetzt im ersten Schritt mit Ihnen gemeinsam klären, wie Sie zu diesen einzelnen Punkten stehen. Wäre das für Sie in Ordnung, wenn wir durch dieses Vorgehen etwas Struktur in Ihre finanziellen Überlegungen bringen, um mögliche offene Punkte aufzuzeigen und uns darüber auszutauschen?"

Kunde: „Ja, das klingt logisch."

Berater: „Wenn Sie hier das erste Bedarfssegment anschauen, was geht Ihnen dabei durch den Kopf?"

Der Berater deckt alle anderen Bedarfsfelder ab, damit der Kunde sich ganz auf den ersten Themenblock konzentrieren kann, Sicherstellung der Liquidität bzw. Grundversorgung im Service.

Kunde: „Na ja, wenn ich das Bild hier sehe, fällt mir als erstes Internet Banking ein, und das nutze ich ja schon ausreichend."

Berater: „Und wie gefällt Ihnen diese Möglichkeit, wann immer Sie möchten, Ihre Geldgeschäfte erledigen zu können und dabei gleichzeitig Kontoführungsgebühren zu sparen?"

Kunde: „Das ist schon eine feine Sache, die ich nicht mehr missen möchte!"

Berater: „Was ist für Sie sonst noch wichtig in diesem Themenbereich? Hier haben wir noch das Beispiel vorbereitet – Parken überschüssiger Liquidität. Ich habe gesehen, Sie halten schon seit einiger Zeit 10.000 Euro auf dem Girokonto."

Kunde: „Diese finanzielle Reserve brauche ich für noch ausstehende Kreditkartenabbuchungen vom Urlaub. Da wird das Konto dann ziemlich abgeräumt."

Berater: „Na ja, Urlaub ist ja auch wichtig. Ab und zu muss man sich einfach mal was gönnen. Wo waren Sie denn?"

Kunde: „Meine Frau, meine Tochter und ich waren in Italien und haben diese 14 Tage sehr genossen."

Berater: „Oh, Italien, schön! Wo denn genau?"

Kunde: „An der ligurischen Riviera. Das war sehr erholsam, weil hier relativ wenig Tourismus herrscht und wir durchgängig schönes Wetter hatten."

Berater: „Dann wünsche ich Ihnen, dass Sie diese angenehmen Erfahrungen noch ein wenig konservieren können, um wieder voller Kraft im Job agieren zu können."

Kunde: „Ja, mal sehen, wie lange es anhält. Der Alltag lässt grüßen. Aber es hilft ja nichts. Also, wie geht es weiter im Konzept?"

Berater: „Einen weiteren wichtigen Bereich, den uns Kunden immer wieder mitgeteilt haben, bildet das Thema Absicherung der Lebensrisiken. Was würde es für Sie bedeuten, wenn Ihre Arbeitskraft wegfallen würde, also wenn ihr Nettoeinkommen wegbrechen würde?"

Kunde: „Tja, ich bin jetzt 42 Jahre alt, habe eine Familie und noch Schulden auf dem Haus! Das wäre sicher eine Katastrophe für mich. Aber ich denke, in so einem Fall gibt es ja sicher was vom Staat, oder?"

Berater: „Na ja, gut dass wir darauf zu sprechen kommen. Lassen Sie mich das am besten anhand eines Beispiels verdeutlichen. Sie verdienen circa 3.000 Euro netto im Monat, richtig?"

Kunde: „Ja, so ist es."

Berater: „Wie lange möchten Sie denn noch arbeiten?"

Kunde: „Mit 60 würde ich schon gerne aufhören."

Berater: „Also in 18 Jahren, wenn ich Sie richtig verstanden habe, ja? Dann lassen Sie uns mal rechnen. Sie verdienen jetzt 36.000 Euro im Jahr. Bis zu Ihrem 60. Lebensjahr würden Sie nach heutigem Stand demnach noch 648.000 Euro verdienen (umkreist die Zahl). So viel ist Ihre Arbeitskraft wert, hätten Sie das gedacht? Nur mal so als Vergleich – für Ihr Auto haben Sie eine Versicherung, vielleicht sogar eine Vollkaskoversicherung – aber für Ihre wertvolle Arbeitskraft haben Sie keinerlei Absicherung. Wie geht es Ihnen dabei, wenn Sie diese Zahlen so hören?"

Kunde: „So habe ich das noch gar nicht gesehen. Da sollten wir später noch mal genauer hinschauen."

Berater: „Das heißt, dass Sie dieses Thema interessiert oder sehr interessiert?"

Kunde: „Das ist mir sehr wichtig!"

Berater: „Ja, habe ich vermerkt. Beim nächsten Punkt möchte ich Sie fragen, wie wichtig es für Sie ist, Einsparmöglichkeiten durch einen Expertencheck im Bereich Versicherungen kennen zu lernen. Stellen Sie sich vor, was passieren würde, wenn sich bei Ihnen, wie bei einem anderen Kunden, ein Wasserschaden ereignet und gleichzeitig damit Ihr Hausrat in Mitleidenschaft gezogen würde? Und stellen Sie sich weiter vor, Sie hätten für diesen Fall nicht vorgesorgt oder Sie stellen fest, dass die Verträge irgendwann mal vor 10 oder 20 Jahren abgeschlossen wurden und damit bei weitem nicht mehr dem aktuellen Stand der Wertbeschaffung entsprechen! Das wäre doch der Hammer, oder?"

Kunde: „Da haben Sie recht! Ich habe sicher einiges irgendwann mal gemacht. Aber ich denke, da bringe ich Ihnen einfach demnächst meinen Versicherungsordner vorbei. Dann können Sie oder Ihre Experten sich die Unterlagen anschauen und feststellen, ob alles so passt. Geht das?"

Berater: „Klar, das machen wir gerne. Geben Sie doch bitte Ihre Unterlagen einfach in den nächsten Tagen bei meiner Kollegin ab. Dann kann ich diese bis zu unserem nächsten Termin anschauen und die Optimierungsideen für unser Zweitgespräch mitberücksichtigen. Einverstanden?"

Kunde: „Ja, wenn das nicht zuviel Umstände macht?"

Berater: „Im Gegenteil, ich danke Ihnen für das Vertrauen, dass Sie mich zu Rate ziehen! So, der nächste Punkt in unserem Beratungskonzept beschäftigt sich mit der Frage der Gesundheitsvorsorge. Wie schätzen Sie die aktuelle Reform ein?"

Kunde: „Wissen Sie, ich habe immer mehr das Gefühl, dass sämtliche sozialen Lasten mehr und mehr auf uns Bürger verlagert werden. Konkret vermute ich, dass die Beiträge für die Gesundheitsvorsorge immer mehr steigen werden und die Leistungen dafür immer weniger werden!"

Berater: „Kann ich gut nachvollziehen, was Sie da sagen. Mit dieser Meinung stehen Sie nicht alleine da. Viele unserer Kunden sehen das ganz genau so wie Sie! Was halten Sie davon, auch in Zukunft mit Respekt und Achtung und vor allem mit Schnelligkeit von Ihrem Arzt behandelt zu werden, und nicht als Mensch zweiter Klasse in überfüllten Wartezimmern abgespeckte Arztleistungen von der Stange zu erhalten, die bei weitem nicht ausreichen, um Ihre Gesundheit wieder schnell und stabil herzustellen?"

Kunde: „Habe ich denn da Wahlmöglichkeiten?"

Berater: „Selbstverständlich können Sie sich individuell schützen, so wie sie es möchten! Wie wichtig ist dieses Bedarfssegment für Sie?"

Kunde: „Sehr wichtig!"

Berater: „In Ordnung. Als Nächstes geht es um die Vermögensbildung. Nutzen Sie denn im Augenblick schon alle Geldgeschenke vom Staat?"

Kunde: „Das ist kein Thema für mich, da ich mit meinem Einkommen deutlich über diesen Grenzen liege."

Berater: „Ja, das ist natürlich schön für Sie. Noch eine andere Frage in diesem Zusammenhang. Wie wichtig ist Ihnen die Zukunft Ihrer Tochter?"

Kunde: „Wie meinen Sie das?"

Berater: „Ich meine, sich jetzt schon Gedanken zu machen, mit geringen Beiträgen eine Art BaFög-Ersatz für ein eventuelles Studium Ihrer Tochter anzusammeln oder eine solide Basis zu schaffen für den Führerschein oder das Auto zum 18. Geburtstag."

Kunde: „Hier habe ich keinen Bedarf, da meine Tochter bereits optimal durch einen regelmäßigen Sparplan und durch eine Ausbildungsversicherung versorgt ist."

Berater: „Verstehe, dann können wir diesen Punkt ja als weniger wichtig momentan abhaken."

Kunde: „Das denke ich auch."

Berater: „Welche Schule besucht Ihre Tochter denn im Augenblick?"

Kunde: „Sie besucht seit kurzem das Gymnasium. Im letzten Jahr waren wir uns allerdings nicht sicher, ob es dabei bleibt wegen ihrer Leistungen. Aber zum Schuljahresende hat sie deutlich zugelegt, und damit ist Gott sei Dank alles wieder im grünen Bereich."

Berater: „Das freut mich für Sie, denn aus eigener Erfahrung weiß ich, dass einen das Wohlergehen der Kinder doch sehr beschäftigen kann. Jetzt kommen wir zu einem sehr zentralen Punkt in unserem Konzept, nämlich der Frage nach der stimmigen Altersvorsorge? Haben Sie schon den Bescheid von der BfA erhalten? Wie ist es Ihnen damit ergangen?"

Kunde: „Gute Frage! Als erstes dachte ich, dass das nicht wahr sein kann, was da steht! Hochgerechnet auf das 65. Lebensjahr erhalte ich gerade mal 1.100 Euro! Davon kann ich nicht leben und nicht sterben!"

Berater: „Das ist wahrhaftig nicht viel! Und dabei ist noch nicht einmal die künftige Inflationsrate mitberücksichtigt! Wissen Sie, wenn ich jetzt Ihr Einkommen betrachte in Höhe von 3.000 Euro mit wahrscheinlich so um die 30 Tage Urlaub im Jahr und dem gegenüberstelle die 1.100 Euro Rente mit dann 365 Tagen Urlaub, ergibt sich daraus ein ziemlicher Widerspruch und eine erschreckende Lücke, meinen Sie nicht auch? Oder anders betrachtet, wo gibt man mehr Geld aus, im Urlaub oder während der Arbeitszeit?"

Kunde: „Ganz klar im Urlaub! Von dieser Warte habe ich es noch gar nicht gesehen. Aber Sie haben mit Ihrem Vergleich absolut recht! Gut, dass ich vor 15 Jahren schon eine Lebensversicherung in Höhe von damals 70.000 Mark abgeschlossen habe."

Berater: „Denken Sie, das reicht um Ihre Lücke zu schließen?"

Kunde: „Nein, ich denke, das ist erst mal ein Grundstock. Aber es ist sicher noch was zu tun!"

Berater: „Also ist dieses Thema sehr wichtig, richtig?"

Kunde: „Richtig!"

Berater: „Ihren Wunschtraum vom eigenen Haus haben Sie sich ja bereits erfüllt. Wie interessiert sind Sie daran, eventuelle spätere Erhaltungs- und Modernisierungsmaßnahmen jetzt schon vernünftig zu planen?"

Kunde: „Was meinen Sie damit? Mein Haus ist jetzt 20 Jahre alt, und soweit ist alles in Ordnung!"

Berater: „Das kann ich mir gut vorstellen. Viele unserer Kunden haben allerdings festgestellt, dass nach einer gewissen Zeit oft Dinge notwendig werden wie eine neue Heizung oder eine Fensterrestaurierung. Oftmals sind später auch Wünsche wie ein Dachgeschossausbau, ein Wintergarten oder eine Modernisierung des Bades ein Thema. Wie stehen Sie dazu?"

Kunde: „Na ja, wenn Sie mich so fragen, das mit der Heizung schiebe ich schon seit einigen Jahren vor mir her. Die neue Heizung wird spätestens bis 2008 fällig, und das Bad schreit auch langsam nach einer Verschönerungskur. Die Fliesen von damals sind einfach inzwischen völlig unmodern geworden und optisch nicht gerade ein Hingucker!"

Berater: „Dann sollten wir dieses Thema ebenfalls als sehr wichtig einstufen, wenn das so für Sie in Ordnung ist?"

Kunde: „Ja, bitte!"

Berater: „Nun kommen wir zum letzten Punkt in unserem Finanzkonzept, und damit schließt sich auch der Kreis wieder zu unseren Bankanlagen. Wie stark legen Sie Wert darauf, dass wir für Sie eine maßgeschneiderte und rentable Vermögensstrukturierung berücksichtigen? Damit meine ich, dass wir Ihre Anlagen auf Verfügbarkeit, Sicherheit und Rentabilität prüfen."

Kunde: „Das liegt mir auch am Herzen, allein schon vor dem Hintergrund der gemachten Erfahrungen mit den Fonds aus dem Neuen Markt im Jahr 2001!"

Berater: „Alles klar. Dann heißt das für Sie, dass dieses Thema ebenfalls eine sehr wichtige Priorität in Ihrer aktuellen Situation hat, richtig?"

Kunde: „Das stimmt!"

Berater: „Ja, ich denke, wir haben jetzt alle wichtigen Lebenssituationen besprochen. Lassen Sie uns im nächsten Schritt aus den Themen, die Sie für sich als sehr wichtig eingestuft haben, die drei Hauptziele herausfiltern, um festzulegen, mit welchen Bedarfsfeldern wir sofort anfangen, und ich dazu eine passende Lösung für Sie zusammenstellen kann. Einverstanden?"

Kunde: „Einverstanden!"

Berater: „Welcher dieser sehr wichtigen Bereiche bedarf einer schnellstmöglichen Handlung?"

Kunde: „Ein erstes Hauptziel stellt für mich eindeutig die Frage nach der Absicherung der Lebensrisiken dar. Hier würde ich eine 1, also die höchste Priorität vergeben. Dann als zweiten Punkt sehe ich die Frage nach der Altersvorsorge und als Punkt 3 das Thema der Vermögensstrukturierung. Natürlich sind die anderen Themen auch wichtig. Aber soviel freies Einkommen kann ich ja gar nicht zur Verfügung stellen!"

Berater: „Genau darum geht es bei der Priorisierung. Es ist wichtig, zunächst die größten Lücken zu stopfen und dann nach und nach die anderen Vermögenssicherungsschritte anzugehen. Was ist es Ihnen denn wert, monatlich für die Schließung der Lücken oder anders formuliert für die Realisierung Ihrer Wünsche zu investieren? Eher 200 bis 300 Euro oder 400 bis 500 Euro?"

Kunde: „Also meine Schmerzgrenze nach oben liegt bei 500 Euro, da ich ja auch noch leben und es mir und meiner Familie gut gehen lassen möchte!"

Berater: „Gut, das ist ja schon mal ein ganz konkreter Anhaltspunkt. Wenn Sie mir jetzt noch Ihre Unterlagen vorbeibringen, dann kann ich bis zum nächsten Mal ausgehend von unserer heutigen Bestandsaufnahme einige Lösungsvarianten zu Ihren drei Hauptzielen ausarbeiten, damit Sie im grünen Bereich mit Ihren Vermögensangelegenheiten sind. Damit Sie aber kein Geld durch unnötiges Warten verschenken, sollten wir den ersten Punkt, die Absicherung des Lebensrisikos sofort erledigen, zumal Sie da ja noch nichts unternommen hatten. Also, ich rechne Ihnen jetzt zwei Varianten zu diesem Thema aus! Den Punkt müssen Sie einfach angehen, und Sie werden ein sicheres Gefühl haben, wenn Sie diese Entscheidung, die Ihnen und Ihrer Familie den Lebensunterhalt auch bei Schicksalsschlägen garantiert, heute klar getroffen haben!"

Kunde: „Können wir das nicht auch beim nächsten Gespräch machen?"

Berater: „Was spricht aus Ihrer Sicht noch grundsätzlich gegen meinen Vorschlag?"

Kunde: „Ich bin mir noch nicht sicher, ob ich das heute schon erledigen soll."

Berater: „Ich kann Sie gut verstehen und weiß, wie Sie empfinden. Einer meiner besten Kunden, er arbeitet übrigens in der gleichen Branche wie Sie, hat ebenso empfunden wie Sie jetzt im Augenblick. Doch dann hat er entdeckt, was ihm eine sofortige Entscheidung zu meinem Vorschlag an sicherem Gefühl und an Vorteilen bringt! Denn zuviel gespart in die Zukunft der eigenen Existenzsicherung hat noch niemand! Also machen Sie es heute, und sie haben ein gutes Gefühl, weil Sie es ohnehin machen müssen!"

Kunde: „Sie sind ja ganz schön hartnäckig. Aber Sie haben schon recht mit Ihrer Argumentation. Ich muss mich ja darum kümmern. Dann kann ich es auch gleich tun."

Berater: „Welche von den zwei Varianten sagt Ihnen mehr zu. Diese hier? Gut, dann brauchen Sie nur noch zu unterschreiben. Vielen Dank! Dann fasse ich abschließend zusammen: Heute haben wir das Ziel Nummer 1, die Absicherung der Lebensrisiken, bereits abgehakt. Ich schlage Ihnen vor, dass wir uns nächste oder übernächste Woche für die

Lösungspräsentation der Ziele zwei und drei wieder treffen. Wann passt es Ihnen besser? Nächste Woche am Mittwoch oder übernächste Woche am Donnerstag?"

Kunde: „Nächste Woche Mittwoch, um 16.00 Uhr?"

Berater: „Gerne, ich reserviere den Termin verbindlich. Bitte bringen Sie circa 45 Minuten Zeit mit. Sollte der Termin bei Ihnen nicht klappen, sagen Sie mir bitte unbedingt Bescheid, damit ich den Termin anderweitig noch vergeben kann bzw. wir beide gegebenenfalls einen neuen absprechen!"

Kunde: „In Ordnung. Das mache ich!"

Berater: „Toll, ich denke, Sie haben heute bereits einen wichtigen Meilenstein bei Ihren Vermögensüberlegungen gesetzt. Wie hat Ihnen unser Gespräch gefallen?"

Kunde: „Ich hätte nicht gedacht, dass wir überhaupt einen Bedarf bei mir vorfinden. Aber durch dieses Grundsatzgespräch sind mir wieder einige Bereich deutlich geworden, die ich zwar immer wieder mal angedacht, aber dann doch wieder aus Bequemlichkeit vor mir her geschoben habe. Überraschend waren auch andere Infos, die mir bis heute so nicht deutlich waren, z. B. die Absicherung des Nettoeinkommens! Ja, also das Gespräch hat mir sehr gut gefallen und vor allem auch, dass Sie mich ohne einen konkreten Anlass, quasi grundlos, eingeladen haben. Das war gut so!"

Berater: „Das freut mich sehr. Auch ich habe das Gespräch als sehr angenehm erlebt. Eine Frage habe ich allerdings noch. Mir ist es wichtig, mich ständig weiter zu entwickeln und dazu gehört für mich auch, neue Kunden zu gewinnen. Und da Ihnen unser Gespräch gefallen hat, möchte ich Sie gern bitten, mir dabei zu helfen. Gibt es jemanden, den ich mit Ihrer Erlaubnis/Empfehlung einmal ansprechen und zu einem ähnlichen Grundsatzgespräch einladen darf?"

Kunde: „Im Bekanntenkreis möchte ich das nicht, aber ich kann Ihnen gerne meinen Bruder vorbeischicken. Der hat mir vor kurzem gesagt, dass er das ganze Jahr von seiner Bank keinen Impuls bekommt. Das mache ich, einverstanden?"

Berater: „Sehr gerne, herzlichen Dank. Ich gebe Ihnen noch einige Visitenkarten von mir mit. Wenn Sie möchten und es sich ergibt, können Sie einfach mal eine weitergeben. Vielleicht entstehen daraus ja weitere Kontakte. Für die Empfehlung an Ihren Bruder nochmals vielen Dank!"

Kunde: „Ich danke Ihnen für das Gespräch und bis die Tage!"

Wieder zurück im Plenum:

Im Anschluss an das simulierte Beratungsgespräch wirft der Trainer die Frage in die Runde, was bezogen auf die Methodik und die Art und Weise der Beratung deutlich geworden ist. Daraufhin stellen die Teilnehmer nach und nach die einzelnen wichtigen Auffälligkeiten fest:

▶ „Ein starkes Element war, dass der Berater immer wieder Privates in das Gespräch mit dem Kunden eingestreut hat. Das hat Vertrauen und Nähe geschaffen."

► „Der Berater hat die Marktstellung seiner Bank und die starken Verbundpartner als Mehrwert beim Kunden herausgestellt. Das hat dazu geführt, dass der Beziehungsaufbau gut funktionierte. Der Kunde öffnete sich, und es kam Atmosphäre in das Gespräch. Die Einstellung dahinter - willst du, dass der Kunde sich öffnet, öffne dich selber und zeige dich – hat Erfolg bewiesen."

► „Auch die Frage des Beraters nach den Erwartungen des Kunden zeigte eine offene, selbstbewusste Haltung. Es brachte Klarheit und Respekt in das Gespräch. Das muss man sich zwar erst mal trauen, aber, Fazit: tolle Wirkung und deshalb auf jeden Fall nachahmenswert!"

► „Es ist deutlich geworden, dass durch den Bildereinsatz und den Einsatz von Entdeckungs- und Entwicklungsfragen beim Kunden beobachtbar ein Überlegungsprozess in Gang kam, der wiederum ein Bedürfnis weckte, das so vor dem Gespräch nicht vorhanden war und deshalb auch nicht abfragbar gewesen wäre. Das zeigten auch die mitunter überraschten Reaktionen des Kunden, der auf einige Sachverhalte bezogen plötzlich einen völlig neuen Blickwinkel bekam."

► „Es ist kein Produktname gefallen, sondern es standen ausschließlich die Kundenbedürfnisse im Mittelpunkt des Gesprächs. Das heißt, dem Kunden wurde deutlich, dass die Finanzdienstleistungen lediglich Mittel zur Erreichung seiner Ziele darstellen bzw. dazu dienen, vorhandene Differenzen auszugleichen und Lücken zu schließen. Speziell durch das Aufzeigen der Konsequenzen bei Nichtschließung der Lücken wurde dem Kunden klar, dass er durch die Lösungen einen unmittelbaren Nutzen für sich gewinnt."

► „Der Berater ist hartnäckig bis zum Schluss am Ball geblieben und hat versucht, bereits im ersten Gespräch einen Abschluss zu erzielen. Und seine Konsequenz hat sich ausgezahlt!"

Trainer: „Ja, ein sehr wichtiger Hinweis. Viele Bankberater haben oftmals nur das einfühlende Gespräch als Ziel und weniger die Erwartung eines erfolgreichen Abschlusses mit Unterschrift im Kopf. Damit aber die Bereitschaft zur Umsetzung beim Kunden erzeugt wird, muss dieser verstehen, warum die vorgeschlagene Lösung die richtige für ihn ist. Gelingt es, das zu vermitteln, wird auch der sofortige Produktabschluss gelingen. Hartnäckigkeit und das Erzeugen einer Dringlichkeit für den Abschluss bilden das Kernstück der inneren Haltung eines erfolgreichen Finanzberaters!"

Ein Berater aus der Runde: „Sollte man nicht zuerst eine reine Bestandsaufnahme und dann im Zweitgespräch eine Lösungspräsentation mit Abschluss anstreben?"

Trainer: „Grundsätzlich teile ich Ihre Meinung, dass hier eine saubere Aufteilung erfolgt. Aber bei Erkennen eines ganz eindeutigen Kaufsignals mit Top-Priorität empfehle ich Ihnen, ein Produkt auch schon im Erstgespräch zu platzieren und das auch so als eigene Erwartungshaltung an sich selber zu formulieren."

Berater: „Ich denke, hier haben wir alle noch Optimierungsbedarf, um diesen Ansatz der Dringlichkeit in unsere Köpfe und in unser Handeln zu bringen!"

Trainer: „Genau deshalb werden wir wie vereinbart hier auch Abschlussverhalten und Lösungspräsentationsgespräche im Trockentraining üben, sodass Sie für den Ernstfall gerüstet sind, sich sicher fühlen und mutig den Abschluss einleiten. Einverstanden?"

Beraterrunde: „Einverstanden!"

Trainer: „Was ist Ihnen in dem Gespräch noch aufgefallen?"

Ein Berater: „Der Berater hat den Kunden zum Schluss nach einem Feedback gefragt. Das war sehr mutig. Wozu ist das nötig?"

Trainer: „Damit besteht nach der Zusammenfassung nochmals die Chance unmittelbar eine Rückmeldung vom Kunden zu erhalten, ob das Gespräch für ihn rund und erfolgreich war, ihn damit entsprechend zu wertschätzen sowie Anregungen und Optimierungsideen zu erhalten, um damit nächste Gespräche weiter optimieren zu können. Meine Erfahrung dabei ist, dass die meisten Kunden diese Frage als interessant erleben und sich überwiegend positiv und konstruktiv dazu äußern."

Ein Berater: „Das ist nachvollziehbar! Aber die Frage nach Empfehlungen finde ich zu hart! Wir sind doch keine Straßenverkäufer, die das nötig haben, sondern seriöse Finanzberater, oder?"

Trainer: „Ich kann Ihren Hinweis gut verstehen. Auf der anderen Seite besteht eine sensationelle Chance, ein eben toll verlaufenes Gespräch zu nutzen, um sich mit dem Vorsprung einer positiven Referenz neue Kontaktmöglichkeiten zu verschaffen. Das mag vielleicht ungewohnt sein, ist aber absolut legitim und seriös. Wenn Sie es nicht tun, die freien Finanzberater tun es, und die machen es richtig gut. Probieren Sie es ruhig aus, und lassen Sie sich positiv dabei überraschen! Also, das Fazit bis jetzt lautet: Führen Sie das gesamtbedarfsorientierte Gespräch konsequent bei Ihren verborgenen Kunden, die Sie durch gezielte Terminvereinbarungen zum Gespräch einladen. Beachten Sie dabei, dass Sie ein dialogorientiertes Gespräch führen, dass Ihre Fragen Sog erzeugend wirken, lassen Sie den Kunden am Schluss seine drei Hauptziele priorisieren und beginnen Sie dann mit dem wichtigsten Thema sofort. Das heißt, Sie führen das erste Ziel bereits im ersten Gespräch zum Abschluss und arbeiten die weiteren Ziele dann im Zweitgespräch mit der Lösungspräsentation ab. Bleiben Sie hartnäckig, erzeugen Sie Dringlichkeit für die Lösung und holen Sie sich die Unterschrift! Und fangen Sie an – auch wenn es noch ein wenig fremd ist - sich Feedback und Empfehlungen zu holen! Haben Sie die Einstellung, dass Sie wachsen wollen, Kunden gewinnen möchten und Erfolg in Ihren Gesprächen ein Ergebnis aus Biss, Lust und Konsequenz sein wird! In diesem Sinne, viel Erfolg heute nachmittag bei Ihren Echtkundengesprächen!"

Freitag, 5. Tag:

Der Trainer beginnt wie gehabt mit einer Blitzlichtrunde und holt die Teilnehmer für den letzten Tag ab. Nachdem die Woche anhand der Flip Chart-Bögen wiederholt ist, werden die letzten Gespräche vom Vortag reflektiert und ausgewertet.

Danach erfolgen die letzten Theorieeinheiten mit einigen Tipps zum Thema Einstellung, Kommunikation und Beziehungsmanagement.

Die zehn Gebote eines erfolgreichen Beziehungsmanagements lauten wie folgt:

1. Behandeln Sie jeden Kunden als Individuum.
2. Schaffen Sie mit Ihren Kunden Gemeinsamkeiten. Achten Sie auf Äußerungen des Kunden, die sein Selbstbild verraten. Spiegeln Sie ihn.
3. Jeder Monolog zerstört Beziehung und Verkaufswahrscheinlichkeit. 20 Sekunden Schweigen des Kunden ist schon zu lange. Er muss mindestens zustimmende Geräusche von sich geben.
4. Wenn der Kunde „zumacht" zeigt sich der Finanzverkäufer. Wer auch zumacht, ist keiner.
5. Des Menschen Bedürfnis nach Anerkennung ist grenzenlos. Finden Sie heraus, auf welchen Gebieten Ihr Kunde Anerkennung wünscht und welche Sprache am Besten ankommt.
6. Fragen Sie gut, aber hören Sie noch besser zu.
7. Achten und respektieren Sie Ihren Kunden.
8. Sprechen Sie Ihren Kunden mit seinem Namen an.
9. Sagen Sie Ihrem Kunden, wie Sie ihm helfen, seine Ziele und Wünsche zu realisieren.
10. Mögen Sie Ihre Kunden.

Daraus leiten sich einige grundlegende Verhaltensmuster erfolgreicher Finanzberater ab.

Quelle: Perfect Train

Abbildung 35: Verhaltensweisen erfolgreicher Finanzberater

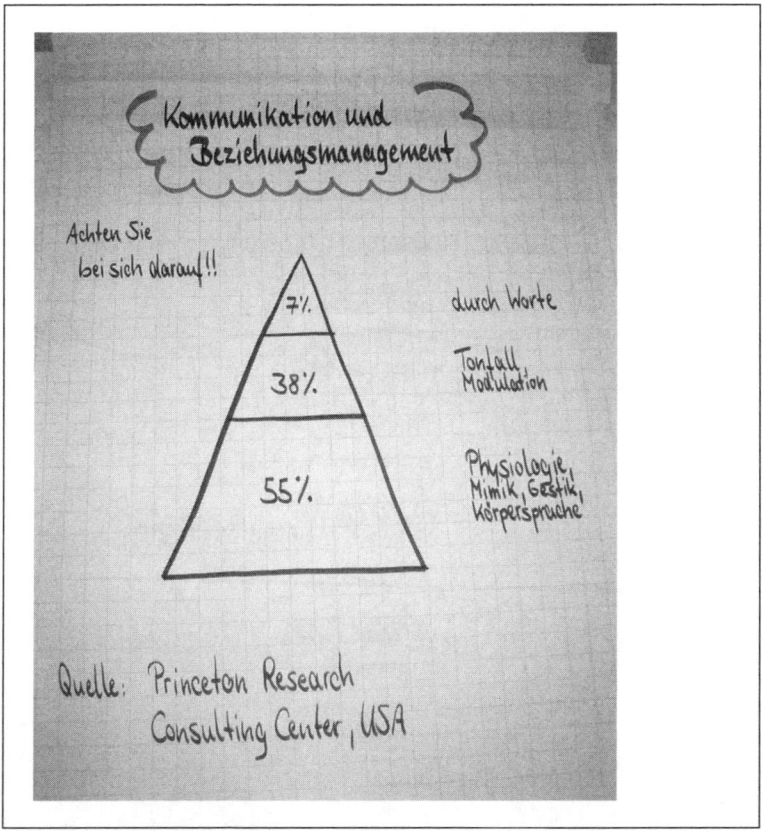

Quelle: Princeton Research Consulting Center, USA

Abbildung 36: Wirkung in der Kommunikation

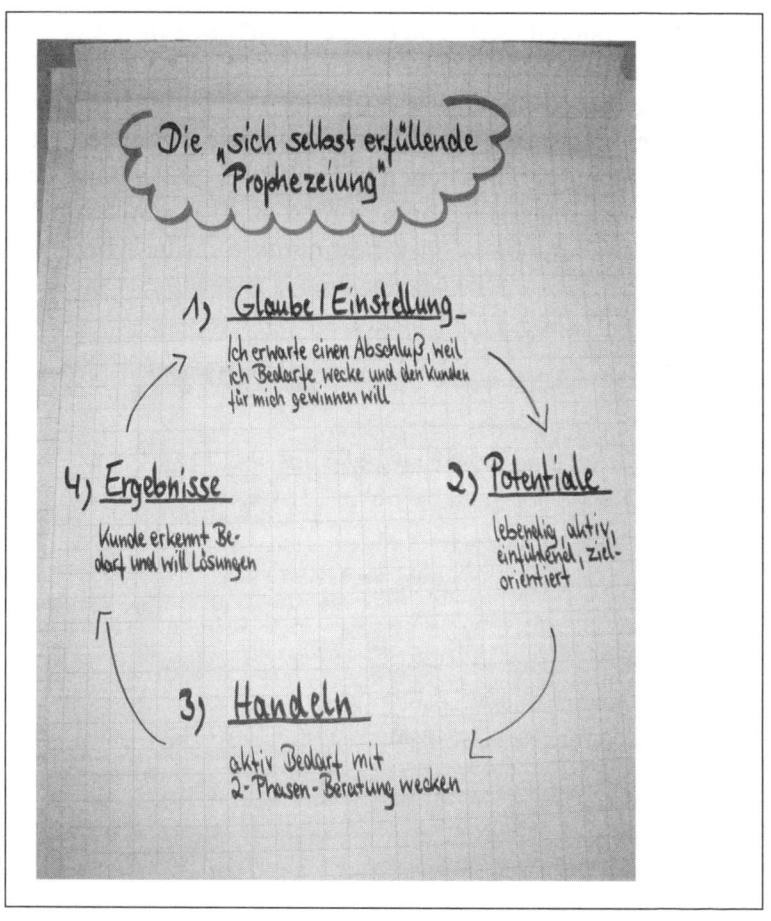

Quelle: Perfect Train

Abbildung 37: Bedeutung der Einstellung im Finanzverkauf

Trainer: „So, zum Abschluss der Coachingwoche kommen wir jetzt zum Thema Nachhaltigkeit. Hier ist die Erfahrung, dass sich Neuverhalten oftmals nur zäh gegen den Widerstand des ‚inneren Schweinehundes' durchsetzen kann, und es einer zusätzlichen Stabilisierung durch regelmäßige Transferleistungen bedarf, damit sich das optimierte Beraterverhalten festsetzen kann! Dazu stelle ich Ihnen jetzt einige Maßnahmen vor, mit denen wir eben das erreichen wollen und im Rahmen derer Sie aufgefordert sind, in den kommenden Monaten immer wieder bestimmte Schritte vorzunehmen."

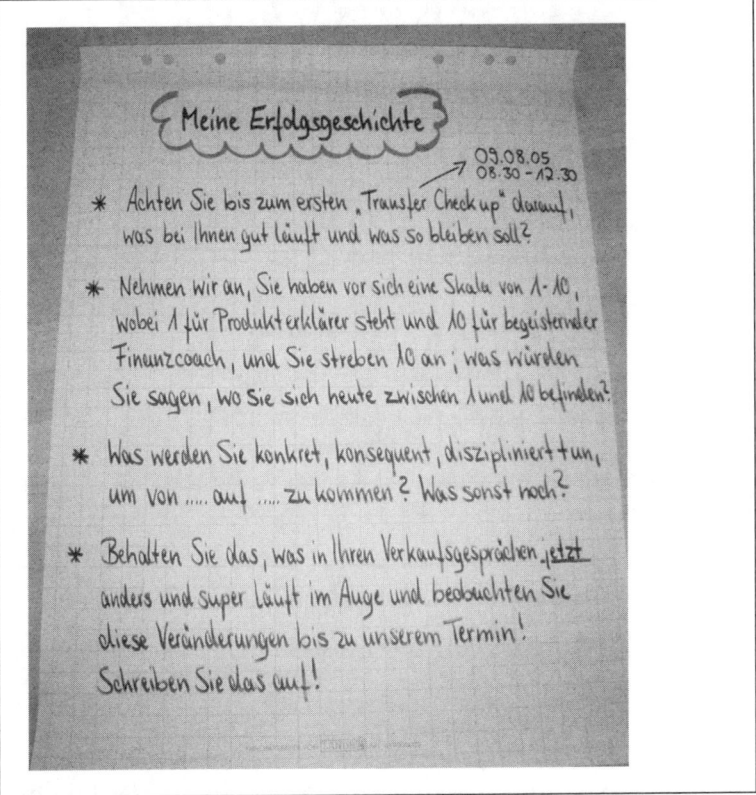

Quelle: Perfect Train

Abbildung 38: Beispiel zur Transfersicherung, Teil 1

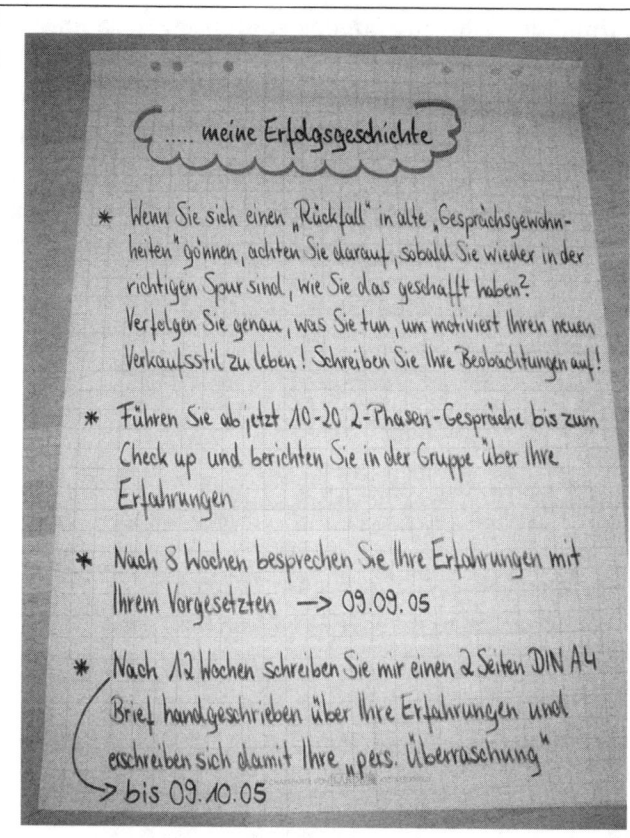

Quelle: Perfect Train

Abbildung 39: Beispiel zur Transfersicherung, Teil 2

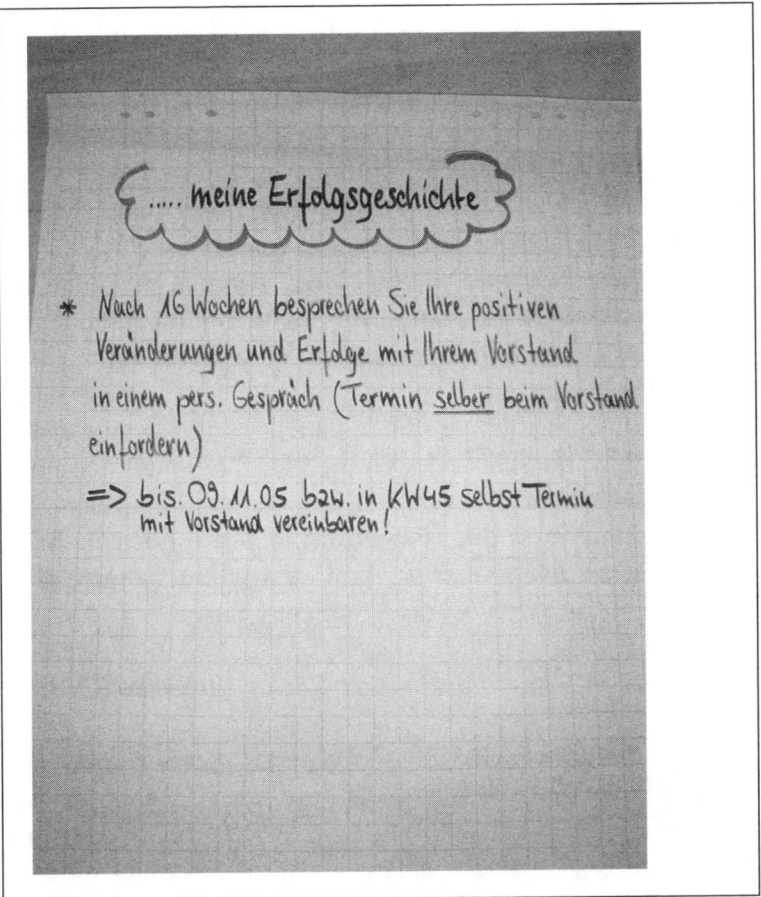

Quelle: Perfect Train

Abbildung 40: Beispiel zur Transfersicherung, Teil 3

Trainer: „Nachdem Sie jetzt gehört haben, wie wichtig die Sicherstellung des Neuverhaltens ist und wir dazu einige Mechanismen integriert haben, wünsche ich Ihnen viel Kraft, Beharrlichkeit und Biss. Und denken Sie ab und zu an unseren Wesir, der täglich mit dem Kalb trainiert hat und am Ende einen ausgewachsenen Stier stemmen konnte. Stemmen Sie erfolgreich Ihre Beratungsgespräche, und behalten Sie dabei immer den Königsweg erfolgreicher Finanzverkäufer im Hinterkopf: Es ist nicht schlimm, hinzufallen, aber es ist schlimm, liegen zu bleiben!! Also, stehen Sie immer wieder auf, und bleiben Sie dran!! Abschließend noch etwas Organisatorisches: Nächste Woche sehen wir uns noch einmal zum Lösungspräsentationstraining. Bis dahin möchte ich Sie bitten, Ihre Beratungsfälle aus dem Wochenverlauf optimal auf abschlussgünstige Lösungen mit Alternativen vorzubereiten, damit Sie, bevor die Kunden zum Zweitgespräch kommen, hier im Schutz der Gruppe üben können, sich noch Anregungen und Tipps verschaffen und dann überzeugt und abschlusshungrig in die Livegespräche gehen können. Also, lassen Sie uns dieses nächste Treffen als Ihre Generalprobe sehen, damit Sie dann bei der Premiere glänzen.“

Circa eine Woche später – das Lösungspräsentationstraining:

Trainer: „Schön Sie wieder alle zu sehen. Ich hoffe, Sie haben die letzte doch sehr intensive Woche gut verdaut und haben Ihre Erstgespräche entsprechend nachbereitet, so dass wir heute ausschließlich zum Thema Abschluss üben können.“

Zu Beginn leitet der Trainer zunächst eine kurze Übung zum Ankommen ein, durch die die Erfahrungen der Teilnehmer aus der Coachingwoche wieder aufgefrischt und durch die sie wieder mit der Materie vertraut werden.

Folgende Fragen an die Teilnehmer sind als Einleitungs-übung im Abschlusstraining wichtig:

- ▶ Wenn ich mich an meine schönsten, erfolgreichsten Verkaufsgespräche erinnere, welche Situationen und Momente fallen mir dazu ein?
- ▶ Welche meiner Fähigkeiten, Ressourcen habe ich dabei eingesetzt, um mich wohl zu fühlen, den Erfolg herbeizuführen und den Kunden zu überzeugen?
- ▶ Was ist mir sonst noch wichtig dabei?

Im Anschluss daran macht der Trainer die Teilnehmer mit einigen Grundsätzen zum erfolgreichen Abschlussverhalten vertraut.

▶ **Das Prinzip der Vergeltung:**
  - – Eine Hand wäscht die andere!
  - – Wer gibt, dem wird gegeben!
  - – Beschenken Sie Ihre Kunden unerwartet und mit unerwarteten Dingen (natürlich von Herzen kommend und aus innerer Überzeugung)!

▶ **Das Prinzip der Verpflichtung und Konsequenz:**
  - – Wer A sagt, muss auch B sagen!
  - – Bezieht ein Kunde einmal einen klaren Standpunkt in Form eines „Ja" ist es schwer, ihn davon abzubringen!
  - – Daher ist es äußert wichtig, dass Ihr Kunde immer wieder zustimmt, immer wieder seinen Ja-Standpunkt bekräftigt!

▶ **Das Prinzip der sozialen Bewährtheit:**
- Je mehr Menschen eine bestimmte Entscheidung treffen (getroffen haben), desto eher erachten wir ein „Ja" zu dieser Entscheidung ebenfalls als richtig!
- Das Prinzip wirkt noch besser, wenn diejenigen die als Beweis für die soziale Bewährtheit herangezogen werden, Ähnlichkeiten mit uns haben!

▶ **Das Prinzip der Sympathie:**
- Der Kunde muss den Finanzverkäufer „mögen"!
- Der Kunde muss den „Preis" mögen, das heißt die Ergebnisse aufgrund seiner eigenen Wünsche und Vorgaben!
- Gleich und Gleich gesellt sich gern!
- Vergessen Sie niemals die Wirkung der äußeren Erscheinung (Kleidung, Attraktivität...)!

▶ **Das Prinzip der Autorität:**
- Erzeugen Sie beim Kunden „Dringlichkeit" durch selbstbewusstes Vorgehen!
- Top-Kunden lieben Top-Stärke!
- Zeigen Sie eine „Ja-Einstellung" bis zum Abschluss. Wollen Sie den Abschluss!
- Kunden fasziniert ein Verkäufer mit Persönlichkeit!

▶ **Das Prinzip der Knappheit:**
- Dinge, die schwer zu erreichen sind, werden als besser oder wertvoller eingeschätzt!
- Erzeugen Sie also im Gespräch mit Ihrem Kunden Knappheit oder weisen Sie darauf hin (z. B. Änderungen bei der Besteuerung von Produkten...)!

Danach beginnt die Runde mit der Bearbeitung der Beratungsfälle. Nachdem der erste Berater sein Lösungspräsentationsgespräch mit dem Trainer als Kunden geführt hat, wird das Gespräch hinterher nach einem festgelegten Ablauf durch den Berater selbst, die beobachtenden Kollegen und den Trainer auf Stärken und Optimierungsmöglichkeiten hin analysiert.

Für die Reflexion der Gespräche im Plenum werden folgende Fragen verwendet:

▶ Wie ist das Gespräch verlaufen?
▶ Wie habe ich mich als Berater gefühlt? Wie vermute ich, dass sich der Kunde gefühlt hat?
▶ Was ist mir in diesem Abschlussgespräch gut gelungen?
▶ Was könnte ich optimierend tun, um Erfolg zu haben?
▶ Welche Rückmeldungen gibt es von den Kollegen und vom Trainer?
▶ Welche Schlüsse ziehe ich für mich aus den gemachten Erfahrungen? Welche Botschaft habe ich für mich herausgefunden?

Trainer *(zum Berater)*: „Wie ist das Gespräch aus Ihrer Sicht verlaufen?"

Berater: „Im Großen und Ganzen denke ich, ist das Gespräch sehr harmonisch verlaufen!"

Trainer: „Wie haben Sie sich denn selber gefühlt?"

Berater: „Ich habe mich stabil und selbstbewusst gefühlt. Mir hat auch die letzte Woche sehr geholfen, da ich bestimmte Schlüsselsätze und die Systematik der Gesprächsstruktur noch parat hatte und hier direkt angewendet habe. Ja, und das wichtigste: Ich habe die Unterschrift bekommen und mich riesig gefreut. Ein klasse Gefühl!"

Trainer: „Super! Wie denken Sie, hat sich der Kunde gefühlt?"

Berater: „Ich glaube, dem Feedback nach zu schließen, hat alles gepasst."

Trainer: „O k.. Was ist Ihnen in diesem Abschlussgespräch gut gelungen?"

Berater: „Wie gesagt, mein Ziel, eine Unterschrift zu bekommen, habe ich erreicht."

Trainer: „Und was könnten Sie beim nächsten Mal noch tun, um diesen Erfolg zu stabilisieren?"

Berater: „Ich werde hartnäckig bis zum Schluss bleiben und öfters den Satz aussprechen: Ich will Sie als Kunden gewinnen! Danke übrigens für den Tipp. Ich habe gemerkt, dass das gut ankommt. Und ich werde in Zukunft nicht mehr soviel überlegen, was der Kunde alles sagen und welche Einwände er bringen könnte. Stattdessen werde ich meine Strategie konsequent einsetzen und mir meine innere Einstellung – Ich will ein erfolgreiches Gespräch mit Abschluss - in meine Beratermappe schreiben, damit ich immer wieder daran denke. Genau, das ist es!"

Trainer (an die Runde): „Was ist uns denn aufgefallen? Welche Tipps und Anregungen haben wir für den Kollegen?"

Die Runde gibt Feedback, und der Kollege hört sich die Beobachtungen aufmerksam an bzw. schreibt einige für ihn wichtige Dinge mit.

Trainer *(zum Berater)*: „Nachdem Sie alles gehört haben, welche Botschaft nehmen Sie für sich mit?"

Trainer *(an die Runde)*: „Gut, ergänzend noch einige grundsätzliche Punkte von meiner Seite zum Thema Abschluss, die Sie sich alle merken sollten. Wer ein Verkaufsgespräch ohne Abschluss führt wird sich ungefähr so vorkommen, als hätte er sich eingeseift ohne sich nachher zu rasieren, ganz schön angeschmiert. Erst eine Unterschrift sorgt für Wohlbefinden und für eine Steigerung des Selbstbewusstseins. Doch obwohl das so ist, enden immer noch zu viele Verkaufsgespräche im Nichts, weil niemand direkt auf den Abschluss zusteuert aus Angst vor einem Nein! Dabei weiß man doch seit seiner Jugend: Dumm ist es nicht einen Korb zu kriegen. Dumm ist, es nicht versucht zu haben! Deshalb folgen an dieser Stelle einige griffige Abschlusstechniken, die Ihnen künftig in Ihren Beratungen helfen können."

▶ *So tun, als ob...*
Der Finanzverkäufer stellt sich in allen Facetten die Situation vor, wie der Kunde unterschreibt. Malen Sie sich in allen Farben aus, dass es zum positiven Abschluss kommt und wie Sie im Erfolg baden. Mit einer solchen Einstellung haben Sie eine ganz andere Ausstrahlung und Überzeugungskraft, Ihre Körpersprache ist eine ganz andere. Verwechseln Sie dies aber nicht mit arrogantem Auftreten.

▶ *Einkreis- oder Isolationstechnik*
Sie beinhaltet die Klärung offener Fragen. Fragen Sie den Kunden: „Angenommen alle Fragen wären beantwortet, werden Sie dann hier und heute eine Entscheidung treffen?" „Nur einmal angenommen, diese Lösungen passen genau auf Ihre aktuelle Bedarfssituation. Ws glauben Sie, wie viel möchten Sie dann investieren? Monatlich 200 bis 300 Euro oder quartalsweise 900 Euro? Welche Priorität bevorzugen Sie, Herr Kunde?"

▶ *Wahlfreiheit*
Geben Sie dem Kunden das Gefühl, dass er die Wahl zwischen unterschiedlichen Alternativen hat und dass die Entscheidung darüber bei ihm liegt. Denn wer keine Alternative hat, gerät in Panik, bekommt Angst. Ersparen Sie dem Kunden solche Gefühle.

▶ *Alternativen*
Stellen Sie dem Kunden Alternativen zur Verfügung, von denen eine Möglichkeit attraktiver als die andere ist. Geben Sie dann Ihre Empfehlung für die bessere Möglichkeit ab. Machen Sie die Unterschiede deutlich.

▶ *Das Optimale für den Kunden*
Im Vordergrund steht für den Kunden, das Optimale herauszuholen. Betonen Sie deshalb nochmals die Vorteile des „Ziel und Wünsche Konzeptes" und die dazugehörigen Prioritäten.

▶ *Plus-Minus*
Diese Technik gipfelt in dem Satz: „Wenn Sie kaufen, dann haben Sie diesen und jenen Vorteil. Wenn Sie verzichten, entgeht Ihnen dieses und jenes. Suggerieren Sie dem Kun-

den, wie schön es sein wird und was er davon hat, wenn er kauft. Umgekehrt dramatisieren Sie phantasievoll, was passiert, wenn er nicht kauft. Konfrontieren Sie ihn mit dem Negativen. Sagen Sie ihm, welche Nachteile die einfachere Variante hat auf welche positiven Leistungen er verzichten müsste.

▶ *Verzichten*
Wenn Ihr Kunde Sie oder sich fragt, ob er sich die Investition in die Geldanlage leisten kann, machen Sie ihm deutlich, dass es vielmehr darum geht, ob er sich den Verzicht erlauben darf.

▶ *Günstige Gelegenheit*
Erläutern Sie Ihrem Kunden, dass er jeden Tag, den er länger überlegt und nicht investiert, Geld für später verschenkt.

▶ *Vier Fragen*
- „Gefällt Ihnen das Finanzkonzept?" – „Ja!"
- „Wollen Sie es haben?" – „Ja!"
- „Wollen Sie es sich leisten?" „Ja!"
- „Dann bleibt nur eins offen. Ab wann wollen Sie in den Genuss der wirtschaftlichen Vorteile des Konzeptes kommen?"

▶ *Los!*
Nehmen Sie die Armbanduhr zu Hilfe und fragen Sie den Kunden: „Wollen Sie nochmals nachdenken?" Wenn er ja sagt, schauen Sie auf die Uhr und sagen: „Los!" So bringen Sie den Kunden zum Lachen und deuten darauf hin, dass es nichts mehr zum Nachdenken gibt.

▶ *Bilder malen*

Bauen Sie in Ihre Argumentation Sätze für Sicherheits- und Angstbilder ein. „Herr Kunde, wenn Sie im Alter monatlich nur noch 500 Euro im Vergleich zu jetzt 2.500 Euro für ihre Lebensqualität zur Verfügung haben, wie wird dann später Ihr Urlaub, Ihr Mittagstisch aussehen?"

▶ *Vertrauensfrage*

„Herr Kunde, mir als Berater der xy Bank ist wichtig, dass unser Finanzkonzeptgespräch auf Vertrauen basiert. Mein Engagement und Vertrauen haben Sie. Bekomme ich auch Ihres?"

Trainer *(zur Runde)*: „Soweit an dieser Stelle ein Exkurs in die wichtigsten Abschlusstechniken. Sie können diese dann auch im Fotoprotokoll nachlesen. Haben Sie den Mut und probieren Sie sich durch die Liste!"

Trainer *(zum Berater)*: „Nachdem Sie nun das Feedback Ihrer Kollegen und das von mir kennen, welche Botschaft nehmen Sie für sich mit?"

Berater: „Im Großen und Ganzen passt das alles gut zusammen, wie ich mich selbst erlebt habe und wie mich die Kollegen und Sie wahrgenommen haben. Die wichtigste Botschaft für mich ist, dass ich jetzt meine liebenswürdige Unverbindlichkeit in den Gesprächen abgelegt habe und weiterhin darauf achten werde, den Biss beizubehalten und die Dringlichkeit für einen Abschluss herzustellen. Konkret heißt das, dass mein bisheriges Anliegen, nur ein angenehmes Gespräch mit dem Kunden zu führen, erweitert worden ist mit dem Ziel, ein erfolgreiches Gespräch mit Unterschrift zu führen. Nur das mit den Empfehlungen werde ich nicht ausprobieren. Das geht bei uns in der Bank nicht."

Trainer: „Klasse! Erst mal vielen Dank für Ihre Aussagen und Erkenntnisse. Lassen Sie mich noch ein paar Punkte zu dem Thema Empfehlungsmarketing erwähnen. Wenn Sie als Finanzberater Ihre Gesamtbedarfsberatungsgespräche führen, geht es in erster Linie darum, dass Sie sich als Person verkaufen. Dann ist natürlich auch entscheidend der Nutzen für den Kunden, die Bank und letztendlich die Zinsen oder Gebühren für die Bankleistungen. Aber auch der Bereich Empfehlungen ist ein Bestandteil eines qualifizierten Beratungsgespräches. Einen wesentlichen Aspekt dieser Vorgehensweise bildet die Erkenntnis, dass wir mit den bekannten Mitteln wie Mailings, postalischen Anschreiben, Werbung im Fernsehen, Radio oder auf der Internetseite der Bank den Kunden immer mehr mit Ansprachen überhäufen mit der Folge, dass er gegen diese Reizüberflutung oft eine Mauer aufbaut, indem er viele Werbebriefe z. B. sofort wegwirft. Vor diesem Hintergrund wird es immer wichtiger, Empfehlungsgeber zu gewinnen, die aufbauend auf der Vertrauensbasis zu Ihnen einen Vorverkauf Ihrer Beraterleistung im privaten oder beruflichen Umfeld vornehmen. Da im Augenblick nur circa 15 Prozent der Berater in der Finanzdienstleistungsbranche nach Empfehlungen fragen, ist hier ein außerordentlich hohes Neukundenpotenzial vorhanden. Deshalb ist es schade, dass das Empfehlungsgeschäft bei vielen Finanzberatern noch so sehr in den Kinderschuhen steckt. Woran liegt das? Ich habe die Erfahrung gemacht, dass viele Berater sich bei der Frage nach der Empfehlung unwohl fühlen, weil Sie sich wie ein Hilfesuchender oder Bittsteller vorkommen und sich damit unter Wert sehen. Auch die Angst, das bislang runde Verkaufsgespräch mit dieser Empfehlungsfrage noch zu gefährden, spielt oft eine Rolle. Und in der Tat tragen vielerorts verwendete Standardfragen nicht unbedingt dazu bei, die gewünschte Kundenreaktion zu erzeugen. Ich habe Ihnen dazu einige Beispiele mitgebracht:"

▶ „Herr Kunde, da wir keine teure Werbung machen, leben wir von zufriedenen Kunden und davon, dass uns diese Kunden auch entsprechend weiterempfehlen. Ist das für Sie so in Ordnung?"

▶ „Frau Kundin, war das heutige Gespräch für Sie interessant? Waren Infos dabei, die Sie unter Umständen das erste Mal gehört haben oder auch die ein oder andere Idee, die Ihnen neu ist? Glauben Sie, das wäre auch was für Leute aus Ihrem Bekannten- oder Freundeskreis?"

▶ „Herr Kunde, bitte nennen Sie mir keine 10 oder 20 Anschriften. Die könnte ich ja gar nicht alle professionell mit ausreichend Zeit beraten. Mir genügen schon 5 Empfehlungen. Könnten Sie mir hier einige Anschriften nennen?"

▶ Ja, „Frau Kundin, ich war heute bei Ihnen und ich denke, wir haben in den 60 Minuten ein für Sie wertvolles Gespräch geführt, und bei meinen gestiegenen Fahrtkosten ist das alles für Sie ohne Honorar. Wissen Sie, mein Honorar beziffert sich lediglich darin, von Ihnen zwei bis drei Ansprechpartner zu hören, für die ein ähnlich zielorientiertes Gespräch Sinn machen würde. Wen könnten Sie mir denn da nennen?"

Diese sehr häufig vorzufindenden Vorgehensweisen führen bei 80 Prozent der Kundengespräche zu Ablehnungen, etwa durch Aussagen wie „So was mache ich nicht!" oder „Da kenne ich niemanden!"

Die Problematik, die dabei deutlich wird, ist das Dreiecksverhältnis Berater, Empfehlungsgeber und potentieller Neukunde. Der Berater tritt häufig als jemand auf, für den der Empfehlungsgeber etwas tun soll, so dass sich mit eben diesem Bewusstsein im Kopf der Berater oft zögerlich und vermeidend in seiner Gesprächsstrategie zeigt. Auch der Kunde spürt diese Unsicherheit und lehnt den Wunsch nach Empfehlungen beim Berater ab.

Es ist hier in jedem Fall besser, den Empfehlungsgeber davon zu überzeugen, dass er wertvolle Tipps an seine Bekannten weitergibt und ihnen deshalb etwas Gutes tun oder sich für einen Gefallen mit diesem Hinweis revanchieren kann. Was gibt es noch für Gründe, dass keine Empfehlungen eingeholt werden?

Das Image des Empfehlungsgeschäfts hat immer noch bei den meisten Finanzberatern den Anstrich von unseriös, billig oder „Staubsaugerverkäufermentalität"!

Dazu kommt, dass es oft in der Schlussphase des Verkaufsgesprächs einfach vergessen wird. Das ist umso bedauerlicher, als nach einem gut verlaufenen Gespräch die Stimmung ideal wäre, um diese angenehme Atmosphäre zu nutzen, den Kunden als Empfehlungsgeber und als Multiplikator bei seinen Bekannten, Freunden oder Kollegen zu gewinnen.

Um diesen Ängsten bzw. Vermeidungstendenzen einen „inneren Wächter" vor die Nase zu setzen, empfiehlt es sich, unmittelbar nach der Gesprächseröffnung hier eine Weiche zu setzen die sicherstellt, dass das Thema der Empfehlung am Schluss nochmals durch den Berater aufgegriffen wird.

Berater: „Wie meinen Sie das jetzt, und wie könnte so eine Ansprache denn lauten?"

Trainer: „Sie könnte z. B. lauten: ‚Herr Kunde/Frau Kundin, erst mal Danke dafür, dass sie sich die Zeit genommen haben, zu unserem Zweitgespräch vorbeizukommen. Bevor ich mit der Ausgangslage bzw. der Zusammenfassung unseres ersten Gesprächs beginne, ist ein weiterer Anspruch für mich in unserem heutigen Gespräch, sofern die vorbereiteten Lösungen für Sie gewinnbringend sind, dass Sie mich weiter empfehlen. Ist das für Sie als Gesprächsgrundlage in Ordnung'?"

Berater: „Das ist aber ganz schön mutig und direkt!"

Trainer: „Ja, das stimmt! Dadurch wird die Spannung in dem Gespräch für den Berater nochmals deutlich gesteigert, damit er auch seine Höchstleistung im Abschlussgespräch zeigen kann!"

Berater: „Jetzt haben Sie uns aber neugierig gemacht? Wie könnte denn das Gespräch weiter verlaufen?"

Trainer: „Nehmen wir an, dass der Kunde jetzt die vorbereiteten Lösungen annimmt und der Abschluss mit der Unterschrift vollzogen ist. Was ist jetzt im nächsten Schritt wichtig? Oftmals kommt hier die Aussage vom Berater: Gratulation zu dem Abschluss! Das haben Sie richtig für sich entschieden, oder das werden Sie nicht bereuen usw. Um nach dem Verkaufsgespräch in das Empfehlungsgespräch zu kommen, braucht es vorweg eine Nachmotivation für den Kunden. Es muss also eine Bestätigung über seine Entscheidung erfolgen. Diese Phase ist das Sprungbrett für die anschließende Empfehlungsfrage. Danach ist eine Zusammenfassung und die Verabschiedung des Kunden das Ende des Empfehlungsgespräches. Für die Nachmotivation eignet sich besonders gut eine Reise in die Phantasiewelt des Kunden, um ihm seine Wünsche und Ziele, seine konkreten Vorhaben nochmals zu spiegeln. Hier schlägt der Verkaufstrainer Fink das Modell der zukunftsweisenden Methode als praktischen Ansatz vor. Diese Methode besteht aus drei Teilen und ist, um die gewünschte Wirkung beim Kunden zu erzielen, mit entsprechenden Schlüsselwörtern gespickt, die dann, angepasst an den Kontext, in die eigenen Beratungsgespräche einfließen können.

▶ Die drei Teile setzen sich zusammen aus dem „Messungsbereich", der „Vorannahme" und der „Botschaft".

▶ Für die jeweiligen Bereiche sind zur sprachlichen Anwendung einige „Musswörter" vorgesehen:
  – Für den Messungsbereich: „Schon nach …"
  – Für den Bereich Vorannahme: „Wenn Sie sehen, dass …" Hier muss der Nutzen nochmals beschrieben werden.
  – Für den Bereich Botschaft: „…spätestens dann werden Sie sehen …"

Trainer: „Lassen Sie uns ein Beispiel machen:

,Herr Kunde/Frau Kundin, *schon nach* einiger Zeit, *wenn Sie lesen, dass* die Versorgungslücke der gesetzlichen Rente immer größer wird, oder *wenn Sie in den Nachrichten im Fernsehen sehen, dass* der Bürger immer mehr gefordert wird, seine Lücken selbst zu schließen, *spätestens dann werden Sie froh sein, dass* Sie damals in Ihrem Gesamtbedarfsgespräch rechtzeitig die Weichen gestellt haben, um auch im Rentenalter Ihren Lebensstandard halten zu können und den 365-Tage-Urlaub entspannt und ohne Sorgen genießen zu können!'

Mit diesem Vorgehen schaffen Sie die Basis, um jetzt die Empfehlungsfrage stellen zu können.

‚Herr Kunde/Frau Kundin, so wie Sie sich heute entschieden haben, Ihre finanziellen Lücken erst mal zu diagnostizieren und sie dann sinnvoll zu schließen, um unbesorgt der Zukunft im Bereich der Altervorsorge entgegen zu schauen und gleichzeitig Einsparmöglichkeiten im Bereich der Vorsorge im Sachvermögensbereich für sich zu nutzen, so ist möglicherweise der eine oder andere Bekannte oder Arbeitskollege von Ihnen, der von dieser Vorgehensweise noch nichts weiß oder nicht ahnt, welche Chancen es dabei gibt, dankbar, wenn Sie ihn darüber informieren oder sich damit vielleicht bei ihm für einen Gefallen revanchieren. An wen denken Sie dabei an erster Stelle? Eher an einen Bekannten oder Freund, ein Familienmitglied oder an einen Kollegen? Wer kommt darüber hinaus für dieses gewinnbringende Gespräch in Frage'?"

Berater: „Gefällt mir gut! Aber ist diese Ansprache nicht etwas langatmig?"

Trainer: „Ich kann Ihren Hinweis nachvollziehen. Lassen Sie mich deshalb die Vorteile dieses Vorgehens erwähnen. Durch die ausführliche Formulierung wird der Kunde langsam an das Thema der Empfehlung herangeführt und nicht durch eine kurze Frage wie etwa – ‚Wen könnten Sie mir empfehlen?' überrumpelt und in den Widerstand gedrängt.

Stattdessen ist es für den Kunden ein langsames Hinschnuppern, um ihn dosiert in eine offene, unterstützende Haltung zu bringen. Der zweite Punkt dabei ist, dass wir den Kunden einladen, etwas Gutes für andere zu tun und kein Wort über eine Leistung gegenüber dem Berater erfolgt. Damit erspart sich der Berater das Auftreten als Bittsteller. Der nächste wichtige Aspekt dabei ist, zu offenen Formulierungen zu greifen und keine geschlossenen Fragen zu verwenden, da hier die Wahrscheinlichkeit von Widerstand wesentlicher größer ist als bei offenen Fragen, wo sich der Kunde nicht bedrängt fühlen muss. Am nützlichsten erweisen sich die Alternativfragen, die die stärkste Wirkung auf den Nachdenkensprozess haben (z.B. ‚Denken Sie dabei eher an einen Bekannten oder an einen Arbeitskollegen oder doch eher an einen guten Freund, dem Sie einen Gefallen erweisen wollen, und der von den Einsparmöglichkeiten gar nichts ahnt …?'). Wichtig ist an dieser Stelle, dass Sie jetzt Ihr Drehbuch erstellen und die Empfehlungsfragen bzw. die Methodik dahinter nochmals in Partnerarbeit verinnerlichen. Davor noch einige Gedanken von mir für eine qualifizierte Empfehlungssicherung bzw. zur Absicherung der Qualität empfohlener Kunden:

▶ Wenn Sie an Ihren Bekannten denken, fällt Ihnen die Telefonnummer automatisch ein, oder müssen Sie kurz in Ihrem Kalender nachschauen?

▶ Was macht Ihr Bekannter beruflich? Dasselbe wie Sie, oder ist er in einer anderen Branche tätig?

▶ Die Frage nach dem Einkommen wird oft von den Beratern nicht so gern gestellt, da sie Angst haben, der Kunde könnte ihnen zu verstehen geben, dass das jetzt zu weit geht und er dazu nichts sagen möchte. Eine Formulierung könnte so klingen: ‚Sagen Sie, Herr Kunde/Frau Kundin, verdient Ihr Bekannter soviel wie Sie, oder kann er Ihnen in diesem Bereich nicht das Wasser reichen?' Auch hier tut es gut, den Kunden emotional zu streicheln, um ihn für die Aussagen zu öffnen.

► Bei Ehepaaren lohnt sich die Frage: ,Sagen Sie, Herr und Frau Kunde, wer hat denn bei Ihren Bekannten in finanziellen Angelegenheiten die Kompetenz in der Hand?'

► Immer empfehlenswert und als Universalfrage verwendbar: ,Herr Kunde/Frau Kundin, wenn Sie an meiner Stelle wären, was sollte ich auf jeden Fall über Ihren Bekannten wissen?'

Berater: „Ja, aber es kommt trotzdem vor, dass der Kunde keine Auskunft gibt!"

Trainer: „Was passiert in einem solchen Fall?"

Berater: „Es gibt Vorwände und Einwände, und davor haben wir auch die meiste Angst! Wie geht man damit um?"

Trainer: „Da haben Sie recht, so was kommt vor. Im wesentlichen geht es beim Vorwand darum, dass der Kunde mauert und sofort dicht macht. Hier gibt es zwei typische Aussagen: ,Das mache ich grundsätzlich nicht!' oder ,Da fällt mir niemand ein!' Bei den Einwänden geht es oftmals um die Sicherstellung von Diskretion oder um die Frage, was dabei für mich finanziell herausspringt. Bei den Einwänden kann man gezielt an gemeinsamen Maßnahmen und Schritten arbeiten. Aber bei den Vorwänden gilt es erst mal, die Mauer zu öffnen, um an die Hintergründe des Nichtwollens heranzukommen. Hier bietet sich folgendes Vorgehen an:

Kunde: Das mache ich grundsätzlich nicht!

Berater: Verstehe! Da gibt es jetzt zwei Möglichkeiten. Entweder Sie wollen nicht, dass Ihre Bekannten oder Freunde von dieser Möglichkeit erfahren, wie sie mehr aus ihrem Geld machen können und gleichzeitig kostenlos ihre Finanzen auf Optimierung hin prüfen lassen können! Andererseits kann ich mir das aber bei Ihnen nicht vorstellen! Bestimmt gibt es irgendeinen anderen Punkt, der Sie verunsichert! Lassen Sie uns doch ganz offen darüber sprechen, was Sie abhält, diese wichtige Info zum Grundsatzgespräch an Ihr Umfeld weiterzugeben!

Bei dieser Methode hört der Kunde, dass es zwei Möglichkeiten gibt und wird dadurch neugierig auf das, was kommt. Durch den implizierten Vorwand, er wollte seinen Bekannten die Vorteile eines Gespräches nicht zukommen lassen, wird er in einen Betroffenheitszustand versetzt, der aber gleich wieder entkräftet wird mit der Aussage des Beraters, dass er sich so etwas beim Kunden gar nicht vorstellen kann. Durch den Vorstoß im nächsten Schritt mit dem Angebot, doch offen über mögliche Unsicherheiten zu sprechen, kann der Widerstand langsam abbröckeln und zu einem bearbeitbaren Vorwand werden.

Sollte der Kunde den anderen Vorwand bringen – ‚Da fällt mir niemand ein!' bietet sich folgende Strategie an:

Berater: Ja, das kann ich gut verstehen. Mit dieser Frage haben Sie wahrscheinlich nicht gerechnet. Gerade in diesen Tagen wird ja über das Thema Altersvorsorge überall gesprochen, vielleicht auch bei Ihnen in der Kantine oder im Verein. Mit welchen Ihrer Kollegen oder Bekannten sprechen Sie so offen über das Thema, dass Sie ihnen diese wichtige Info über unser Gespräch weitergeben möchten? Wer fällt Ihnen da spontan als erster ein? Angenommen, Sie würden am Samstag eine Party mit 20 lieben Freunden machen, wer von diesen Gästen würde hier offen für ein gewinnbringendes Gespräch sein? Wer darüber hinaus sonst noch?

Kommen wir nun zu den Einwänden. Hier empfiehlt es sich, die Argumente zunächst einmal abzufedern und zuzustimmen, damit einerseits Wertschätzung gegenüber der Ansicht des Kunden signalisiert wird und auf der anderen Seite die Emotion aus der Kundenaussage herausgenommen wird. Wichtig ist dabei, auf Details in der Argumentation einzugehen, um die Richtung im nächsten Schritt ändern zu können.

Berater: Herr Kunde/Frau Kundin, Sie sagten, Sie haben schon einmal schlechte Erfahrungen gemacht. Um so mehr gilt es mit Vorsicht zu handeln, damit Ihnen so etwas in Zukunft nicht mehr passiert. Deshalb macht es Sinn, Ihren Hinweis diskret zu behandeln. Sie können sich darauf verlassen, wenn Sie das so möchten, dass Ihr Kollege nicht erfährt, wer ihm in bester Absicht einen solchen Tipp geben will. Konkret heißt das, Ihr Name wird nicht genannt werden!

Ein weiterer, häufig vorkommender Einwand lautet:
Ich will erst mal mit meinem Bekannten Rücksprache halten!

Für die Mutigen könnte jetzt die Antwort lauten:
Hervorragende Idee! Was halten Sie davon, wenn wir ihn jetzt gemeinsam anrufen?

Eine alternative Intervention wäre:
Herr Kunde/Frau Kundin, mal angenommen Ihr Bekannter will im Detail schon wissen, worum es dabei geht, was werden Sie ihm sagen?

Hier ist wichtig, dem Empfehlungsgeber eine Argumentationsidee mitzugeben, damit er nicht mit seinen Worten das Gespräch, das er erlebt hat, dem potentiellen Neukunden zu fachbezogen vermittelt. Denn dann bestünde die Gefahr, dass dieser abblockt, und es erst gar nicht zu einem Termin kommt.

Als Empfehlung, wie der Kunde seinen Bekannten ansprechen könnte, ist folgender Aufhänger möglich:

Wir haben in den Gesprächen festgestellt, dass es in Ihrer persönlichen Situation sinnvoll erscheint, einen Teil monatlich in die Altersvorsorge zu investieren und gleichzeitig Einsparmöglichkeiten im Bereich des Schutzes von Vermögenswerten zu sichern. Inwieweit das bei Ihrem Bekannten auch sinnvoll ist, bleibt zu prüfen und hängt von der individuellen Situation ab. Das ist wichtig, bevor Ihr Bekannter noch denkt, es geht hierbei nur um ein schnelles Geschäft. Sagen Sie ihm mal, er soll sich überraschen lassen und ganz offen an das Thema herangehen. Es geht um wirtschaftliche Vorteile, er bekommt Lösungsvorschläge, und wie er die dann im Einzelnen behandelt, das ist allein seine Entscheidung! Denn zuviel gespart hat schließlich noch keiner, einverstanden Herr Kunde/Frau Kundin?

Eine andere Formulierung könnte so lauten:
Wann werden Sie mit Ihrem Bekannten reden? Wollen wir uns dann nochmals am Montag dazu telefonisch verabreden?

(Hierbei ist es dann wichtig, den Termin und den Grund des Anrufes sichtbar aufzuschreiben, um den notwendigen Ernst und die Verbindlichkeit für den Empfehlungsgeber heraus- zustellen.)

Ich möchte das Thema Empfehlungen durch Ihre Kunden mit dem Hinweis abrunden, dass Sie daran denken, Ihren Empfehlungsgebern jeweils ein Feedback zu geben, wie das Gespräch mit dem Bekannten/dem Kollegen verlaufen ist, um ihn auch in Zukunft als Multiplikator für Neukunden zu motivieren."

Nach diesem Input von Trainerseite werden zur Verankerung des Gelernten weitere Beratungsgespräche durchgeführt mit anschließender Sammlung der gemachten Erfahrungen und gewonnenen Erkenntnisse.

Folgendes gilt es beim Lösungsgespräch zu beachten:

▶ Fassen Sie als Einstieg das Analysegespräch nochmals zusammen.

▶ Stellen Sie die Nutzen/Vorteile dar, die der Kunde durch die Lösung hat.

▶ Erzeugen Sie einen Ja-Sage-Rhythmus beim Kunden.

▶ Beachten Sie Kundensignale und bauen Sie diese ins Ge- spräch ein.

▶ Setzen Sie sich ein Ziel, wo Sie mit dem Kunden hin wol- len.

- Gehen Sie mit „Biss" an die Sache heran. Lassen Sie sich nicht entmutigen. Verlierer geben auf, Gewinner scheitern höchstens, geben aber niemals auf!

- Vergessen Sie nicht, die Kundenunterlagen aufzubereiten. Bereiten Sie eine Visualisierung für den Kunden vor.

- Lassen Sie sich durch Kundeneinwände nicht verunsichern. Hinterfragen Sie, beispielsweise so:
  - *Kunde:* Ich kann nicht mehr pro Monat investieren! *Berater:* Was genau wäre die Folge, wenn Sie dennoch diesen höheren Betrag jedes Monat investieren würden? Was wäre, wenn die Zahl nicht unmöglich wäre, sondern Realität?
  - *Kunde:* Ich kann das heute nicht entscheiden! *Berater:* Welche Gründe sprechen gegen eine Entscheidung heute? Was genau hält Sie davon ab? Wie könnte eine optimale Lösung aussehen?

- Verwenden Sie „Zaubersätze". Einige Beispiele:
  - Zuviel gespart hat noch *keiner*, einverstanden?
  - Bislang haben *alle* Kunden mit Begeisterung reagiert!
  - Sie werden *immer wieder* zufrieden daran denken, dass Sie sich hier und heute für diese Anlage/Vorsorge entschieden haben!
  - *Jeder* hat bislang ein Jahr später gesagt, dass er selten so zufrieden war!
  - *Alle*, die einmal angefangen haben zu sparen und feststellen, dass ein Guthaben heranwächst, reagieren *immer* gleich. *Keiner* will mehr aufhören. Sie wollen dann noch mehr und noch mehr sparen. Diesen Zustand *müssen* Sie auch erreichen!

▶ Hilfreich sind auch folgende „hypnotische Sprachmuster",
mit Autorität und Feingefühl gesprochen:
- Sie müssen sich das unbedingt ansehen!
- Das müssen Sie sich einmal sehr genau ansehen!
- Sie werden erfahren, dass es funktioniert!

▶ Schlüsselwörter, die „ziehen" sind: Gewinn, Freude, Erfolg, finanzieller Erfolg, Sicherheit

Nachdem alle Berater ihre Lösungspräsentationen durchge-
spielt und sich noch die eine oder andere Anregung geholt
haben, ist die Runde am Ende des Tages motiviert, die
kommenden Echtgespräche mit Power und Selbstsicherheit
anzugehen.

Damit ist der wesentliche Teil der Talk-Strategie, der Big-
Talk-Ansatz, sehr ausführlich beschrieben worden. Nun folgt
im nächsten Schritt der Small-Talk-Ansatz, der darauf aufbauend die Servicekräfte in die Lage versetzen soll, im Stan-
dardsegment Laufkundschaft strukturiert anzusprechen.
„Verborgene Kunden" sollen hierbei zu einem Kurzcheck
eingeladen werden. Ziel ist es, damit eine Überleitung an den
Berater zu erreichen oder einen direkten Produktabschluss
für die entsprechende Lebensphase zu erzielen.

4.3   Der Small-Talk-Ansatz

Die Servicekräfte werden unmittelbar nach der Coa-
chingphase mit den Privatkundenberatern im Rahmen eines
zweitägigen Simulationsworkshops in den Umgang mit dem
Kurzcheck-Bogen, dem so genannten Finanzerfolgsradar

(FER) ©, eingewiesen. Dieser bildet die Grundlage für das neue aktive und anspracheorientierte Verhalten der Mitarbeiter im Servicebereich.

Nachdem am ersten Trainingstag alle Teilnehmer zunächst mit einigen Übungen zum Ankommen auf die beiden folgenden Tage eingestimmt worden sind, wird zum Verständnis über Sinn und Zweck der Maßnahme zunächst die Ausgangslage visualisiert.

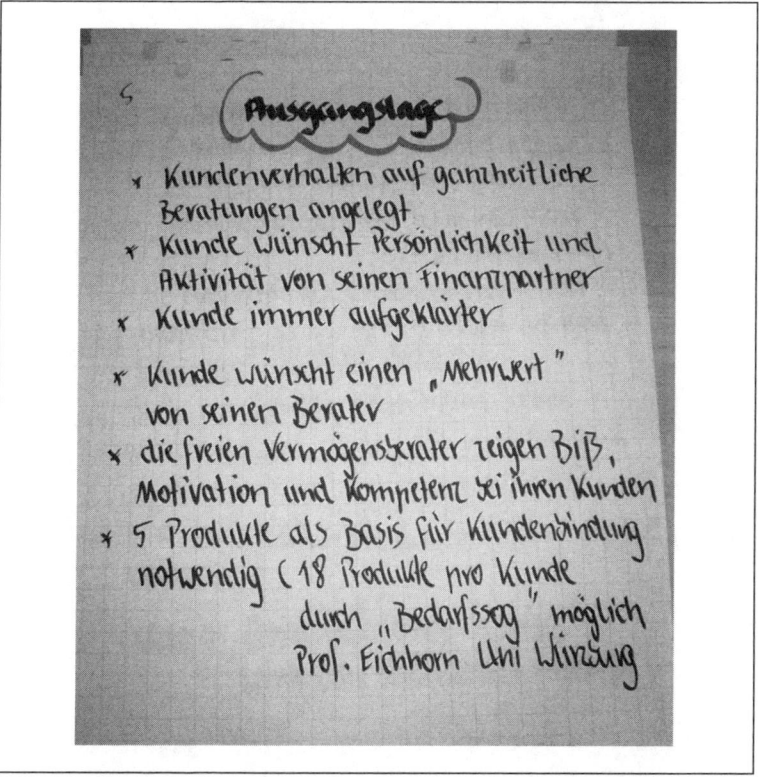

Quelle: Perfect Train

Abbildung 41: Ausgangslage, Markttrends

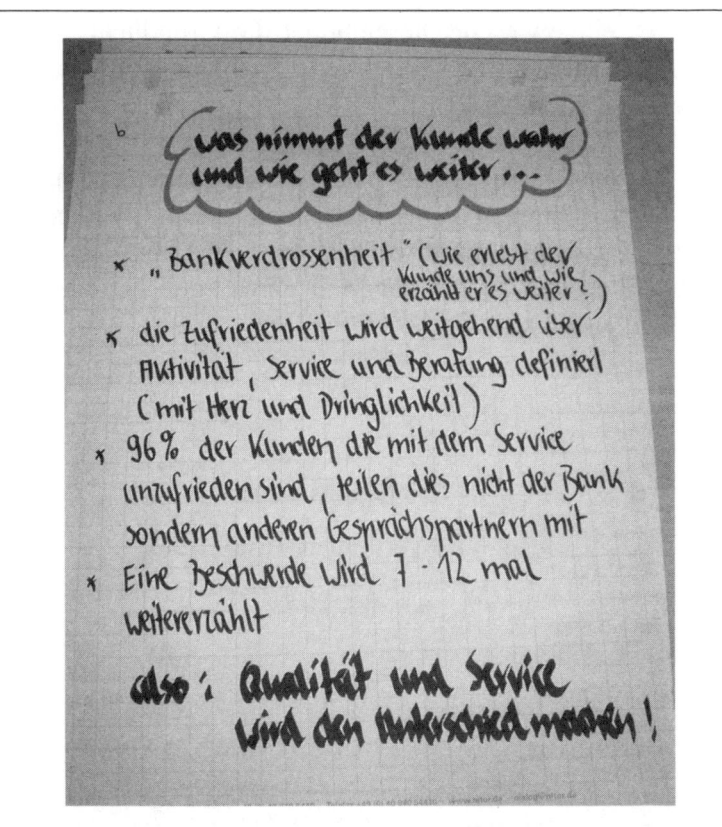

Quelle: Perfect Train

Abbildung 42: Trends im Kundenverhalten

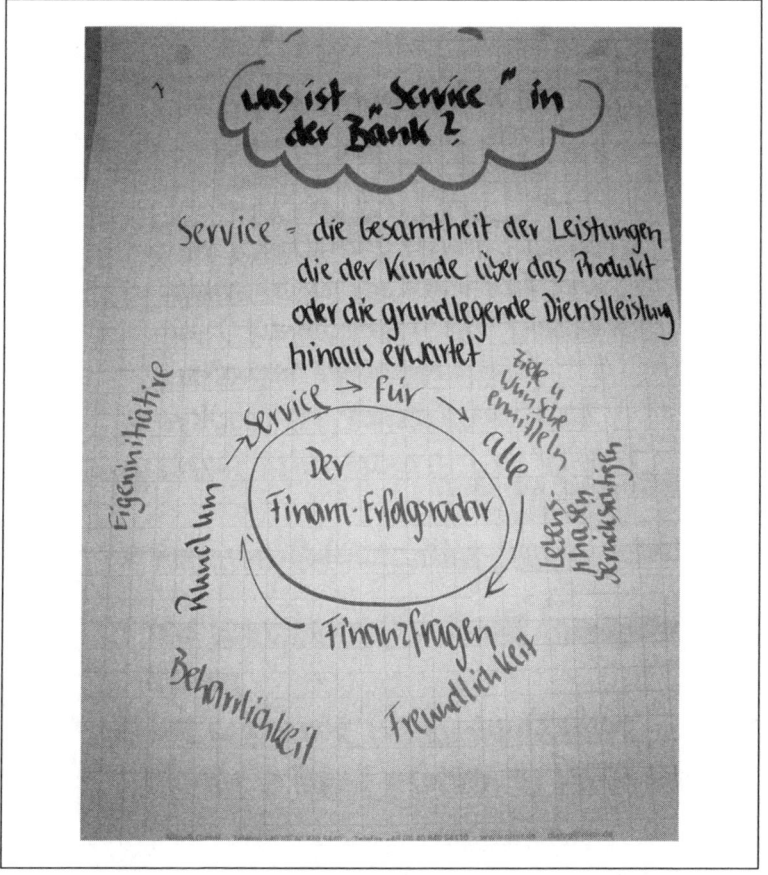

Quelle: Perfect Train

Abbildung 43: Servicegedanke der Zukunft

Trainer: „Das ist die Ausgangssituation. Wie Sie wahrscheinlich schon vermuten, bringt das bezogen auf Ihren Arbeitsplatz und Ihre Aufgaben einige erforderliche Änderungen, aber auch Chancen mit sich. Diese möchte ich Ihnen im Folgenden aufzeigen!"

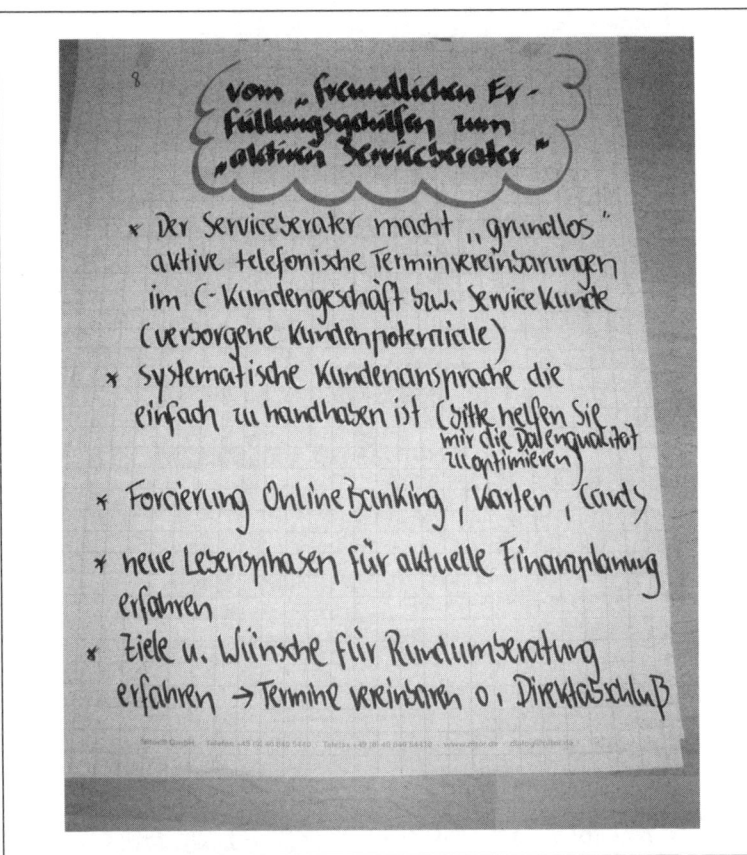

Abbildung 44: Grundsätze des neuen Serviceverhaltens

Trainer: „Sie sehen, es wird wichtig für Sie werden, nicht mehr nur die Laufkundschaft, die täglich zu Ihnen in die Bank kommt, anzusprechen oder die Kunden, die Sie sowieso bei jeder Aktion ansprechen, und die dann verständlicherweise oft jammern (‚Nicht schon wieder einen Bausparvertrag, ich habe Ihnen doch schon mehrmals gesagt, dass ich hier keinen Bedarf mehr habe. Bitte sprechen Sie mich nicht alle ein bis zwei Monate an, um mir irgendetwas zu verkaufen zu wollen!'), sondern Ihr Augenmerk verstärkt auf das brach liegende Kundenpotential, die verborgenen Kunden, zu richten, die das ganze Jahr über nicht in die Bank kommen. Hier gilt es, aktiv telefonisch Termine zu vereinbaren, bei denen es darum geht, die Serviceleistungen rund um das Girokonto zu forcieren sowie Infos zu erhalten, welche aktuelle Finanzplanung in der jeweiligen Lebensphase des Kunden gerade ansteht. Der nächste Schritt ist dann entweder die Überleitung an die Kollegen in der Beratung und/oder der direkte Produktabschluss. Konkret bedeutet das: Ihr Ziel, das Sie anstreben sollten, ist die systematische Kundenansprache vor dem Hintergrund, die Ziele und Wünsche des Kunden zu erfahren und diese pro Bedarfsfeld mit einer einfachen Lösung (ein Produkt) zu befriedigen. Der zweite Weg, den Sie einschlagen können, ist bei Vorliegen eines größeren Bedarfs, die Signale zu erkennen und mit einem neuen Termin an die Privatkundenberater überzuleiten. Lassen Sie uns jetzt am besten direkt ins Tun einsteigen und die telefonischen Einladungen der verborgenen Kunden zu Beratungsterminen üben."

Die Teilnehmer sammeln in der folgenden Übung „Sog erzeugende" Ansprachestrategien für das Telefonieren, die den Kunden zum Termin führen sollen. Im Nachgang werden diese „Aufhänger" durch szenische Simulationsübungen im Plenum vorgestellt und durch Tipps/Hinweise optimiert und noch weiter verfeinert.

Im nächsten Schritt erfolgt dann die Hinführung auf die Gesprächsführung mit dem Finanzerfolgsradar (FER) ©, zunächst durch eine Trainer-Demo, im Anschluss durch Übungsgespräche der Teilnehmer, bei denen jeweils der Trainer als Kunde auftritt.

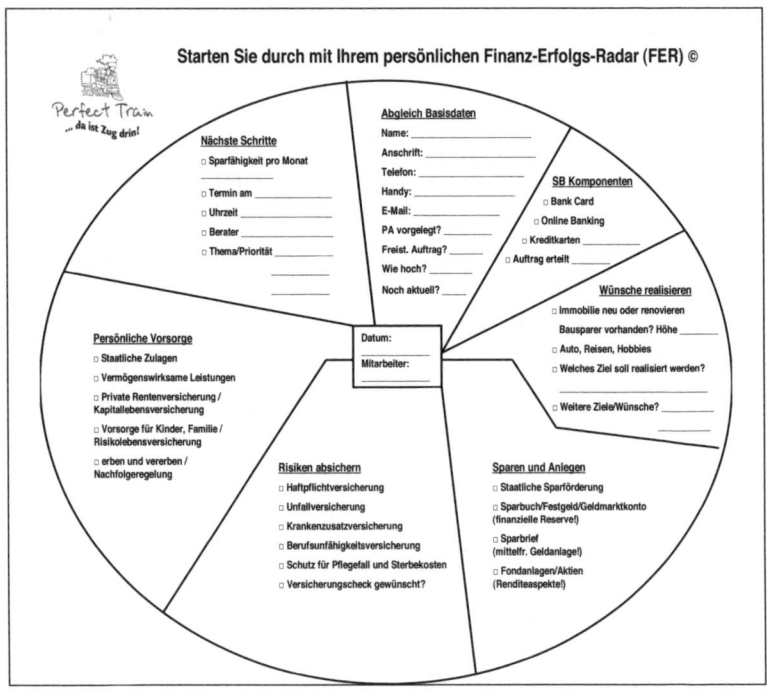

Quelle: Perfect Train

Abbildung 45: Der Finanzerfolgsradar (FER) ©

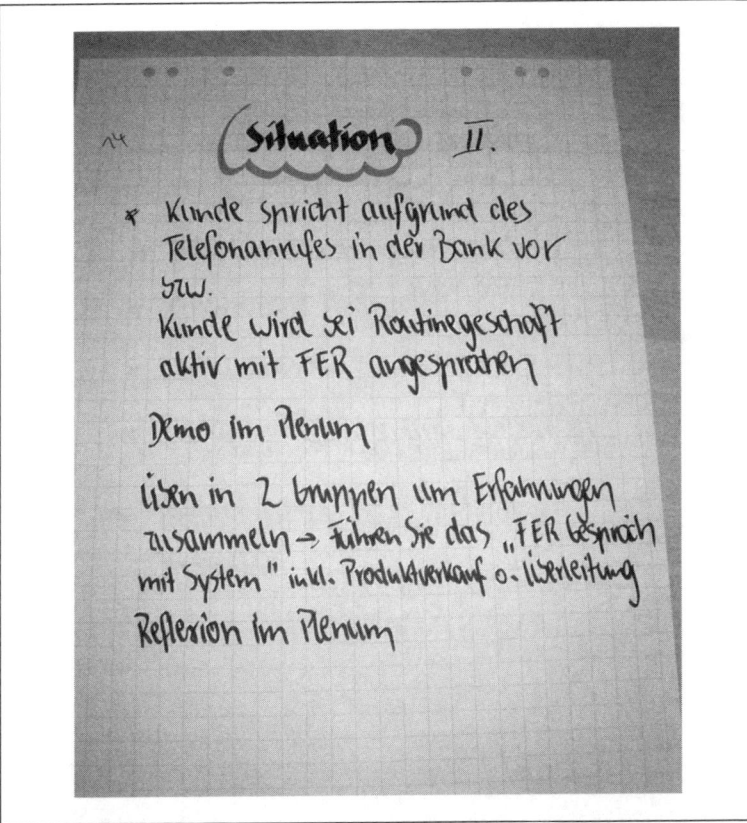

Abbildung 46: Simulationsübung mit dem Finanzerfolgsradar (FER) ©

Die Erkenntnisse aus den Übungsgesprächen werden im weiteren Verlauf im Plenum diskutiert und auf dem Flip Chart festgehalten.

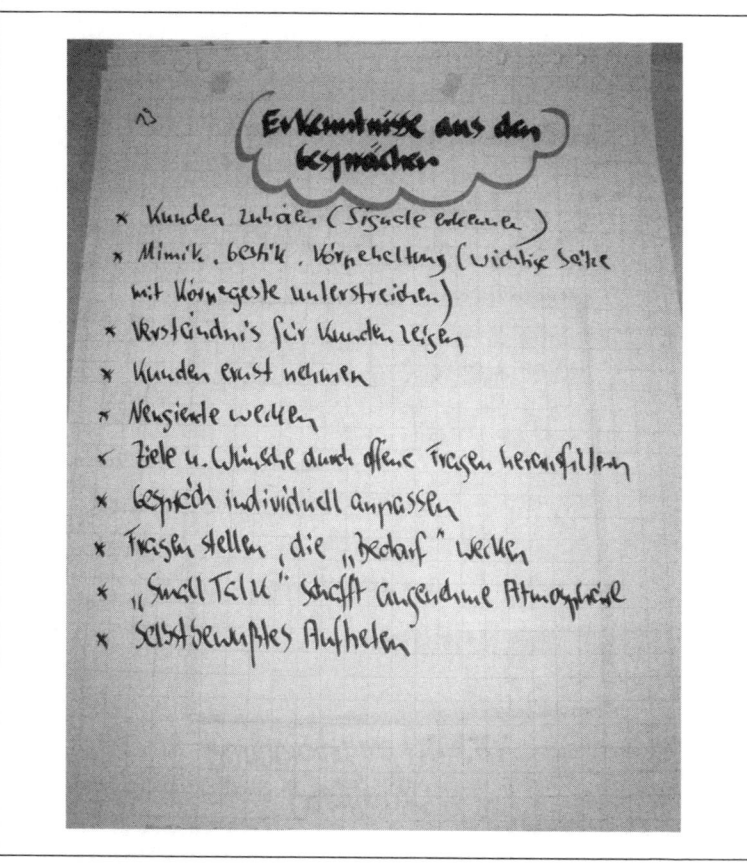

Quelle: Perfect Train

Abbildung 47: Reflexion der Übungsgespräche, Beispiel

Trainer: „Wichtig bei der Anwendung des Finanzerfolgsradar (FER) © ist, dass Sie den Kunden mit der vorgegebenen Systematik des Bogens durch das Sammeln von Aussagen schnell zu einem Abschluss pro Bedarfsfrage bringen und für sich einen zeitlichen Rahmen von circa 15 bis 20 Minuten für das Gespräch vorgeben."

Teilnehmer: „Mir gefällt dieses Vorgehen sehr gut! Aber wie sollen wir Serviceberater das alles machen? Wir stehen doch am Schalter und sollen jetzt noch diesen Finanzerfolgsradar (FER) © einsetzen. Das stelle ich mir schwierig vor."

Trainer: „Das ist ein wichtiger Hinweis. Wir werden deshalb auch mit Ihren Führungskräften arbeiten. Denn neben den Privatkundenberatern sollen auch Sie im Bereich Small-Talk-Strategie und Kurzcheck über den Finanzerfolgsradar (FER) © gezielt vorankommen, sodass in den Filialen Hand in Hand an einer umfassenden Kundendurchdringung gearbeitet werden kann. Lassen Sie mich an dieser Stelle nochmals zusammenfassen, welche Anforderungen Sie bei einer professionellen Kundenansprache beachten sollten."

Leitlinien für die Kundenansprache:

▶ Sprechen Sie Ihre Servicekunden konsequent an, insbesondere die verborgenen Kunden (vor Ort oder telefonisch).
▶ Bleiben Sie beharrlich und liebenswürdig.
▶ Machen Sie den Kunden neugierig.
▶ Sprechen Sie ihn emotional an.
▶ Bauen Sie eine vertrauensvolle Beziehung auf.
▶ Schaffen Sie mit Ihren Kunden Gemeinsamkeiten (Sympathiecheck).
▶ Mögen Sie Ihre Kunden.
▶ Geben Sie aufrichtig Lob und Anerkennung.
▶ Führen Sie den Dialog mit System und Konsequenz.
▶ Ziel ist ein Produktverkauf bzw. die Überleitung an den Berater.
▶ Setzen Sie sich klare Ziele (eine Ansprache pro Tag, mindestens ein Abschluss pro Woche).

Trainer: „Nachdem sich dieses neue Handeln nun auch im Alltag verankern soll, bitte ich Sie, sich im letzten Schritt mit dem nachfolgenden Selbstvertrag vertraut zu machen und die enthaltenen Fragen konsequent schriftlich zu beantworten. Nehmen Sie sich dabei nicht zuviel vor. Weniger ist oftmals mehr. Insbesondere bitte ich Sie, sich Ihren ‚inneren Schweinehund' anzuschauen und mit ihm ebenfalls eine Vereinbarung zu treffen, damit er Sie nicht bei der Umsetzung behindert. Suchen Sie sich einen Partner, der Ihnen hilft, sich immer wieder zu motivieren, wenn es mal mit den Gesprächen nicht so geklappt hat, wie Sie es sich vorgenommen haben. Vor allem aber legen Sie fest, wie Sie sich eine Unterstützung Ihrer Führungskraft wünschen, damit Ihr Vorhaben stabil und konsequent in der Praxis umgesetzt wird. In diesem Sinne wünsche ich Ihnen ganz viel Erfolg! Gehen Sie mit Charme und Hartnäckigkeit in Ihrem Tun vor, und machen Sie aus Ihren verborgenen Kunden sichtbare Kunden, die sich freuen und Sie weiterempfehlen, weil Sie von Ihnen grundlos angesprochen wurden."

Abbildung 48 veranschaulicht, welche Fragen ein Selbstvertrag beinhalten kann, damit die Teilnehmer möglichst konkrete und verbindliche Aussagen zu ihrem Verhalten treffen.

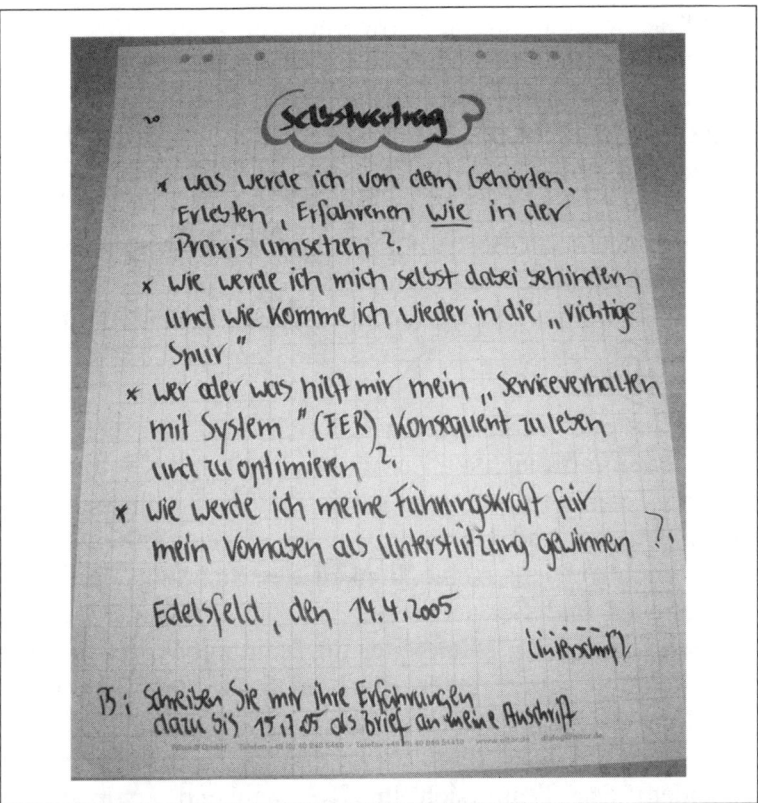

Quelle: Perfect Train

Abbildung 48: Selbstvertrag zur Transfersicherung, Beispiel

4.4 Erfolgsfaktor „Teamidentität"

Wenn der Big-Talk- und der Small-Talk-Ansatz bei den Mitarbeitern verankert ist, geht es im nächsten Schritt darum,
sowohl die Serviceberater als auch die Privatkundenbetreuer
miteinander zu „verschweißen", damit jeder seine Rolle

kennt, seine Stärken und Schwächen im Spiegel des Teams klarstellt und damit authentisch im Alltag agieren kann. Dies ist umso wichtiger, weil damit keine Energien mehr für „Maskenverhalten" oder Eitelkeiten und Intrigen gehalten werden müssen.

Bezogen auf unser Beispiel heißt das, dass in Absprache mit dem Vertriebsleiter und dem Teamleiter zeitnah nach den Vertriebstrainings eine Teamentwicklungsmaßnahme aufgesetzt wurde.

Das komplette Verkaufsteam traf sich dazu an einem Freitagabend, um für sich die Zusammenarbeit und Kommunikation im Team zu optimieren sowie die Schlagzahl der Kundenansprachen und Überleitungen zu erhöhen. Gleichzeitig sollte auch die Unterschiedlichkeit des Standings der Kundenbetreuer und Serviceberater auf den Prüfstand gestellt werden, damit jeder Mitarbeiter im Team mit Wertschätzung und Achtung seinen guten Platz im Sinne der Gesamtentwicklung des Teams haben kann.

Nachdem das Team sich im Kreis sitzend erstmals beschnuppert und der Trainer Sinn und Zweck des Zusammenseins anmoderiert hatte, wurden zunächst die drei Ebenen der Zusammenarbeit vorgestellt, anhand derer klar wurde, welche vielfältigen Fragestellungen im Team eine Rolle spielen.

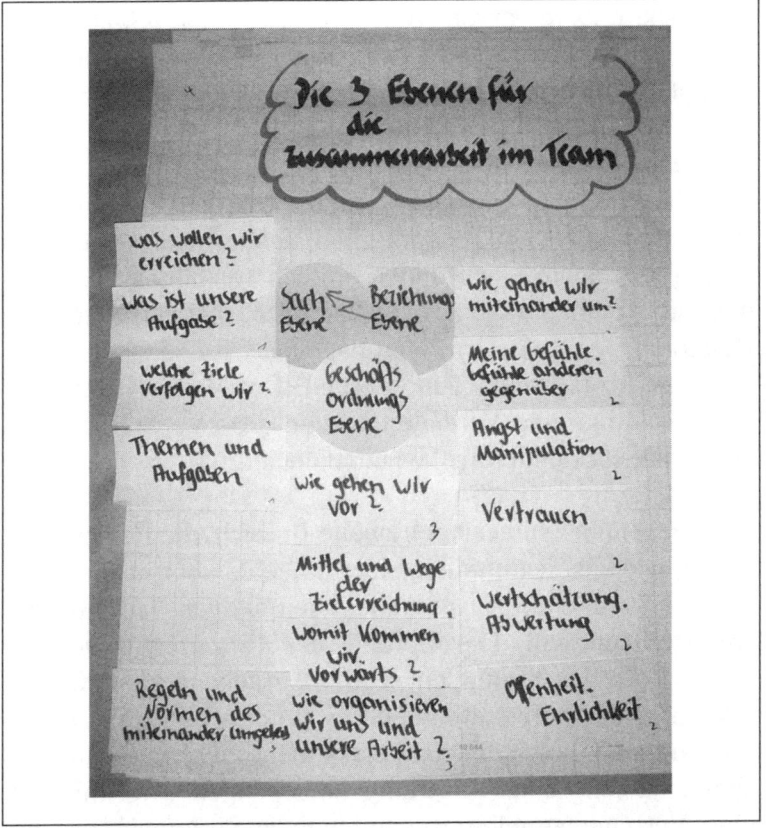

Abbildung 49: Die drei Ebenen der Zusammenarbeit

Abbildung 49 stellt die drei Ebenen der Zusammenarbeit dar. Auf der Sachebene geht es zunächst darum, deutlich zu machen, was das Team als Geschäftsstelle erreichen will, was seine Aufgabe ist, welche Ziele es verfolgt oder, ganz allgemein gesprochen, was seine Themen im zunehmend härter werdenden Markt sind. Es wurde deutlich, dass die Sachebene insbesondere durch die Big-Talk- und Small-Talk-Gespräche forciert werden soll, um die verborgenen Kundenpotenziale noch besser ausschöpfen zu können.

Im Team bestand deswegen auch Einigkeit darüber, dass sich die Aufgaben gegenüber früher deutlich verändert haben. So erwähnte ein Teammitglied, dass es noch vor einigen Jahren ausreichte, die Kunden einfach freundlich zu bedienen, die Kontoauszüge auszugeben oder Überweisungen und Daueraufträge zu ändern. Jetzt dagegen wird zunehmend auf Aktivität im täglichen Tun geachtet. Der Verkauf steht klar im Fokus und eine Veränderung von der „Verwaltung" hin zur „Kundenorientierung" ist deutlich spürbar.

Dem gegenüber spiegelt der zweite Bereich, die Beziehungsebene, wie das Team miteinander umgeht, wenn es die Sachaufgaben – und dort insbesondere den aktiven Verkauf - bewerkstelligen will. Die Gefühle des Einzelnen gegenüber seiner Rolle im Team, sein Verhalten gegenüber dem Chef oder zu anderen Teammitgliedern sind dabei wichtige Faktoren. Auch die Frage, wie in diesem menschlichen Gefüge mit Wertschätzung und Abwertung umgegangen wird und welcher Vertrauensspielraum untereinander vorherrscht, ist mit von zentraler Bedeutung.

Ergänzend dazu sind auf der Geschäftsordnungsebene weitere Fragen der Zusammenarbeit im Team zu klären. Womit kommen wir vorwärts? Wie organisieren wir uns und unsere Arbeit? Welche Mittel und Wege der Zielerreichung gibt es? Solche und ähnliche Fragen bilden hier einen Fokus. Sie machen deutlich, dass es günstig für ein Team ist, wenn es entscheidet, welche Regeln und Normen das miteinander Umgehen bestimmen sollen.

Ein Teilnehmer aus dem Kreis brachte dazu als Beispiel den Fußballverein FC Bayern München. Er erwähnte, dass hier ganz klare Ordnungen, etwa zu Themen wie Verspätung beim Training, einen für alle Spieler verbindlichen Verhaltenskodex bilden und bei Verstößen dagegen entsprechende Sanktionen greifen, die ebenfalls jeder kennt und respektiert. Nicht zuletzt auch aufgrund ganz eindeutiger Richtlinien in diesem Bereich sei der Verein die letzten Jahre so erfolgreich gewesen.

Anhand von weiteren Beispielen wurde in der Gruppe klar, dass Sach-, Beziehungs- und Geschäftsordnungsebene permanent im Alltag wirken und eine Störung z. B. auf der Beziehungsebene automatisch erhebliche Qualitätsverluste auf der Sachebene mit sich bringt. Ähnlich ist es, wenn z. B. jemand auf der Geschäftsordnungsebene einen stärkengerechten Platz im Team nicht hat oder einfach nur jeder macht was er will. Auch dies wirkt sich in der Konsequenz negativ auf die Qualität der Ergebnisse aus.

Für die drei Ebenen der Zusammenarbeit und deren Wechselwirkungen lässt sich grundsätzlich sagen, dass es in diesem Zusammenhang eine sehr oft vorherrschende Einstellung in Teams gibt, die da lautet:

T = Toll
E = Ein
A = Anderer
M = Macht´s

Dieses Dogma führt auf den genannten Ebenen oftmals zu Disharmonien und soll deswegen nun im Rahmen der Teamentwicklungsmaßnahme gezielt übergeleitet werden in eine neue Sichtweise, die alle Teammitglieder gleichermaßen erfolgreich macht und dabei zu Spaß und Wohlbefinden beiträgt. Dies gelingt über die Verinnerlichung von:

T = Tolle
E = Erfolge
A = Alle
M = Miteinander

Danach lauten die Merkmale erfolgreicher Teams:
▶ Erfolgreiche Teams vollbringen außerordentliche Leistungen auch unter schwierigen Bedingungen.
▶ Die Mitglieder fühlen sich für die Arbeit des Teams verantwortlich und sie erörtern offen alle Probleme, die ihnen im Weg stehen.

Nach dieser Sensibilisierung für die Thematik der Veranstaltung folgt im nächsten Schritt eine Übung zum Kennenlernen, bei der die Teilnehmer sich von einigen noch nicht bekannten Seiten kennen lernen können (siehe Abbildung 50).

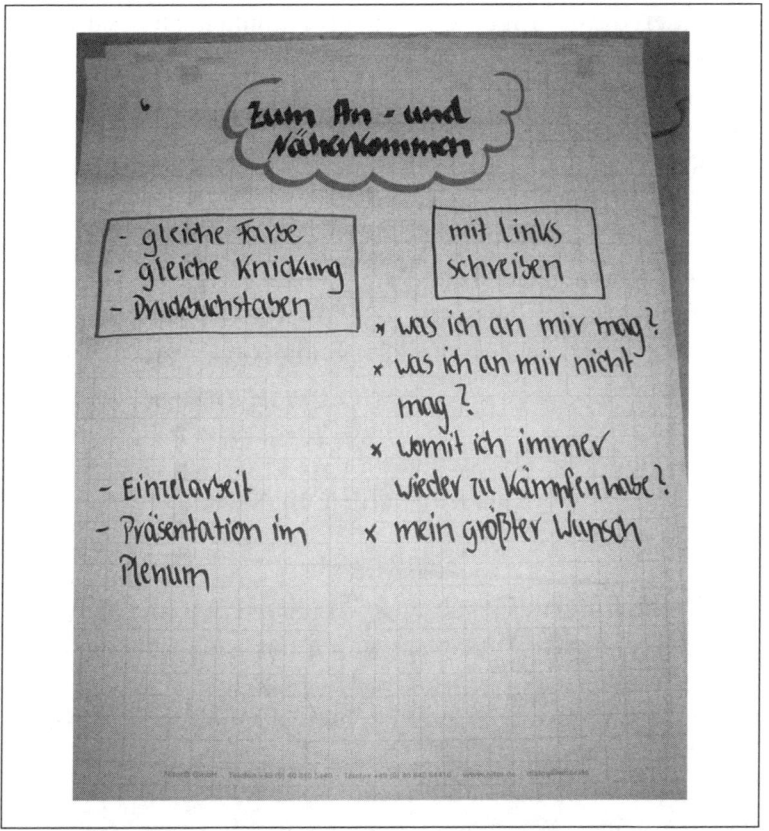

Quelle: Perfect Train

Abbildung 50: Übung zum Kennenlernen

Dazu bittet der Trainer die Teilnehmer, die genannten Fragen nach den vorgegebenen Regeln für sich auf Moderationskarten zu beantworten. Anschließend werden alle Karten eingesammelt und in die Mitte des Stuhlkreises auf den Boden gelegt. Danach beginnt der erste Kollege aus dem Team die erste Karte vorzulesen und gibt einen Tipp ab, wer der

Absender dieser Eigenschaften sein könnte. Der Verfasser gibt sich zu diesem Zeitpunkt noch nicht zu erkennen. Reihum sagen dann alle Kollegen, um wen es sich aus ihrer Sicht handelt. Dieser Vorgang geschieht mehrmals so lange, bis alle Karten aufgedeckt wurden und zu jeder Karte Gedanken und Vermutungen von jedem in der Runde geäußert wurden.

Danach nimmt jeder Teilnehmer seine eigene von ihm beschriftete Moderationskarte und löst das Rätsel auf. Dabei bekommt jeder die Zeit und den Raum sich ausführlich vorzustellen.

Die Erkenntnisse, die sich aus dieser etwas anderen Vorstellungsrunde ergeben haben, werden im Nachgang gesammelt und diskutiert.

Ein Teilnehmer: „Es gab viele Ähnlichkeiten in den Aussagen. Bei manchen Aussagen war ich mir ganz sicher, dass es ein bestimmter Kollege ist. Dann hat sich aber herausgestellt, dass es doch jemand anderer ist. Das ist schon merkwürdig."

Trainer: „Ja, da haben Sie recht! So entstehen oft Vorurteile und Gerüchte. Wenn man nämlich glaubt, ganz sicher zu sein, dass bestimmte vermutete Eigenschaften zu einem Kollegen gehören, dann entsteht ganz automatisch eine dadurch eingefärbte Meinung über diese Person, wodurch wiederum deren Verhaltensweisen selektiv wertend eingestuft werden. Deshalb ist es günstig für Teams, sich nicht nur auf die eigenen Wahrnehmungen, Vermutungen und vor allem Bewertungen zu verlassen, sondern offen und direkt Beobachtungen anzusprechen, um mögliche Vorurteile gar nicht erst aufkommen zu lassen."

Teilnehmer: „Das war eine spannende Runde, die mich sehr zum Nachdenken angeregt hat. Denn in der Praxis ist es ja oft so, dass man jemanden sieht und schon bildet man sich seine Meinung. Und dann wird alles nur noch so gesehen, wie es zu dieser Meinung passt. Dadurch müssen in Teams ja zwangsläufig Konflikte entstehen."

Trainer: „Deswegen ist es gut, dass Sie jetzt die erste Erfahrung gemacht haben, dass es gut ist, Offenheit und Vertrauen entstehen zu lassen, um eine gute Basis mit Harmonie einerseits und Direktheit andererseits für ein funktionierendes Team zu schaffen."

Am nächsten Morgen wird nach einer anfänglichen Zusammenfassung der Inhalte vom Vorabend unmittelbar mit einer ersten Gruppenarbeit begonnen (siehe Abbildung 51).

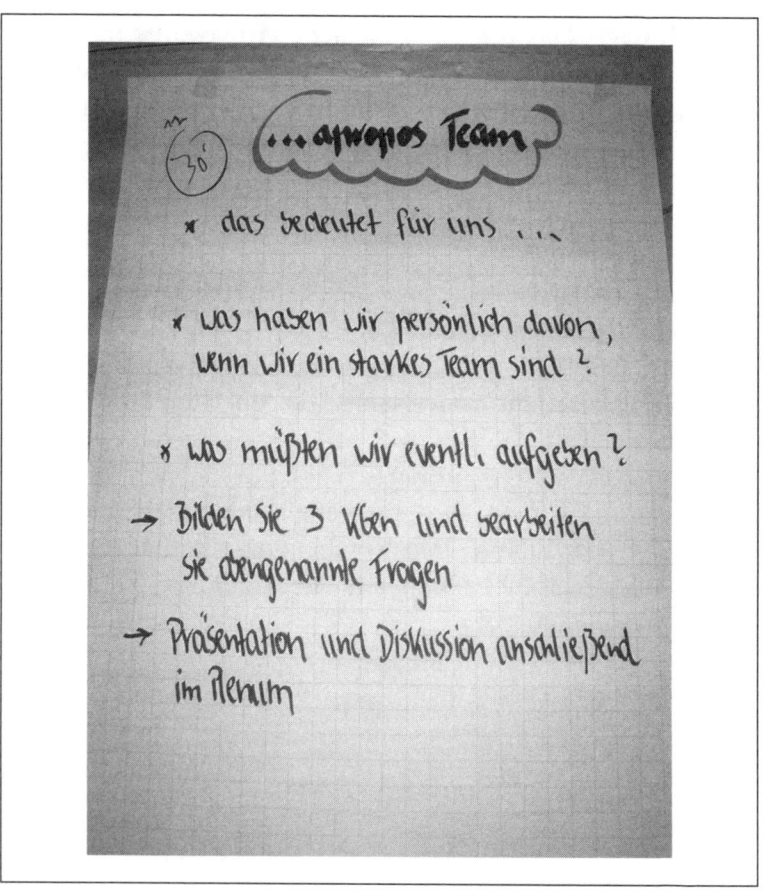

Quelle: Perfect Train

Abbildung 51: Einschätzung der Teamarbeit

Die Teilnehmer teilen sich dazu in drei Gruppen, um die Aufgabe von mehreren Blickwinkeln aus anzugehen.

Nach der Kleingruppenarbeit werden die Ergebnisse im Plenum präsentiert. Dabei wird in allen Gruppen deutlich, dass die positiven Aussagen zu der Frage „*Was haben wir davon, wenn wir ein starkes Team sind?*" eindeutig überwiegen. Alle Teammitglieder äußern, dass es positiv ist, zugehörig, aufgefangen zu sein, voneinander zu lernen und von den Stärken der anderen zu profitieren. Die zentrale Botschaft lautet deshalb: „Eine Gruppe ist immer stärker als der beste Einzelne!"

Beim Punkt „*Was müssten wir eventuell aufgeben?*" wurde dagegen klargestellt, dass jeder an seinen Eigenheiten arbeiten müsste, dass die teilweise vorhandene Rechthaberei als störend empfunden wird, dass Eitelkeiten und übertriebene Egozentrik oder Eigenbrötlerei Verhaltensmuster seien, die noch verbessert werden müssten. Es wurde auch angeführt, dass „die einen" (die Kundenberater) sich als etwas Besseres als „die anderen" (die Servicemitarbeiter) fühlen und dadurch die Qualität der Zusammenarbeit blockieren würden. Manche, so aus den Kleingruppen, wollten auch „Punkte sammeln" beim Chef. An der Stelle schien es den Gruppen wichtig zu sein, ebenso die Stärken und Schwächen des Vorgesetzten zu kennen, um zu wissen, „wie man dran ist".

Die beiden Gruppen zogen für sich das Fazit, dass die Vorteile gegenüber den Nachteilen im Team überwiegen. Einig war man sich auch, dass man sich ehrlich und mutig den Themen nähern sollte. Denn nur so sei ein gemeinsames Vorwärtskommen möglich.

Zur Untermauerung der gewonnenen Einsichten aus der Übung stellt der Trainer im Anschluss die Entwicklungsstadien eines Teams vor und zeigt auf, dass Phänomene bzw. Schwierigkeiten der beschriebenen Art „dazugehören" und eine Chance zu gemeinsamem Wachstum darstellen (siehe Abbildung 52).

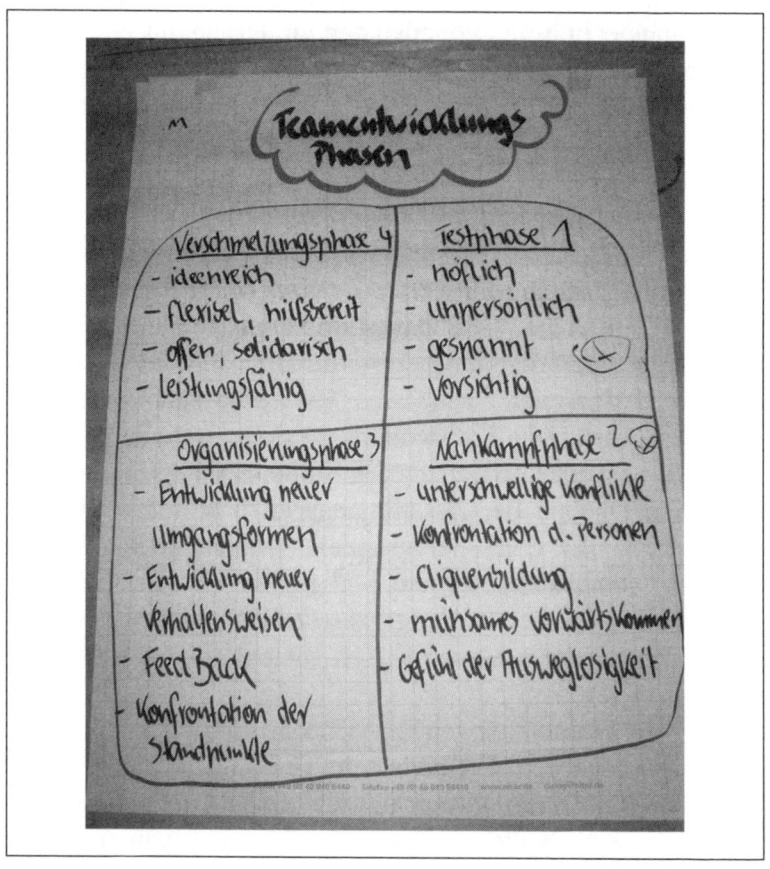

Quelle: Francis Young

Abbildung 52: Entwicklungsstadien im Team

Trainer *(zum Teamleiter)*: „Lassen Sie uns in einem nächsten Schritt nun mit einem Diagnoseinstrument das Team als Ganzes mit seinen Wechselwirkungen betrachten und herausfinden, worauf es bei der Teamfindung besonders ankommt. Wir werden also jetzt mit der Methode der Systemischen Aufstellung die Funktionen im Team, die Beziehungen untereinander und deren Auswirkungen analysieren. Die persönlichen Themen des Einzelnen bleiben dabei geschützt. Deshalb werden wir auch keine Stellvertreter für einzelne Personen, sondern für Gruppierungen im Team auswählen. Wer im System Team spielt alles eine Rolle?"

Teamleiter: „Die Gruppe der Privatkundenberater, die Gruppe der Servicemitarbeiter, ich als Teamleiter, ja und unser Ziel, sprich die Kunden noch stärker an uns zu binden und die Potenziale auszubauen."

Trainer: „In Ordnung. Nachdem wir keine neutralen Stellvertreter haben, wird jetzt jede Gruppe von einem Stellvertreter aus einer anderen Gruppe repräsentiert. Auch werden wir mehreren Personen die Möglichkeit anbieten, die Konstellation als Stellvertreter nachzuvollziehen, sodass eine für alle nachvollziehbare Lösung am Ende steht. Einzige Ausnahme sind Sie als Teamleiter. Sie werden als individuell von einem Stellvertreter repräsentiert. Wir haben hierfür einen neutralen Studenten gewonnen, der speziell dafür gleich zu uns stoßen und danach das Seminar wieder verlassen wird. Damit wir nun mit der Aufstellung beginnen können, benötigen wir noch ein Anliegen, eine griffige Fragestellung. Was wäre für Sie ein gute Lösung?"

Teamleiter: „Ich möchte, dass unser Team zusammenhält, sich voll und ganz versteht und wir die Schlagzahl gemeinsam am Kunden erhöhen!"

Trainer: „Gut. Ich schlage Ihnen Folgendes vor: Wir beginnen mit drei Repräsentanten, den Kundenberatern, den Servicemitarbeitern, und dem Fokus. Damit sind Sie als Teamleiter gemeint. Wie schon gesagt, wird bei dieser Form der Aufstellung jede Gruppe von einem Stellvertreter aus der jeweils anderen Gruppe vertreten, der Teamleiter durch unseren Studenten."

Darauf hin sucht der Teamleiter einen Stellvertreter für die *Kundenberater* aus der Gruppe der Servicemitarbeiter und für die Gruppe der *Servicemitarbeiter* einen Stellvertreter aus der Gruppe der Kundenberater aus. Für *sich selbst* stellt er den Studenten auf. Nach der Aufstellung der Repräsentanten ergibt sich ein erstes Bild (siehe Abbildung 53).

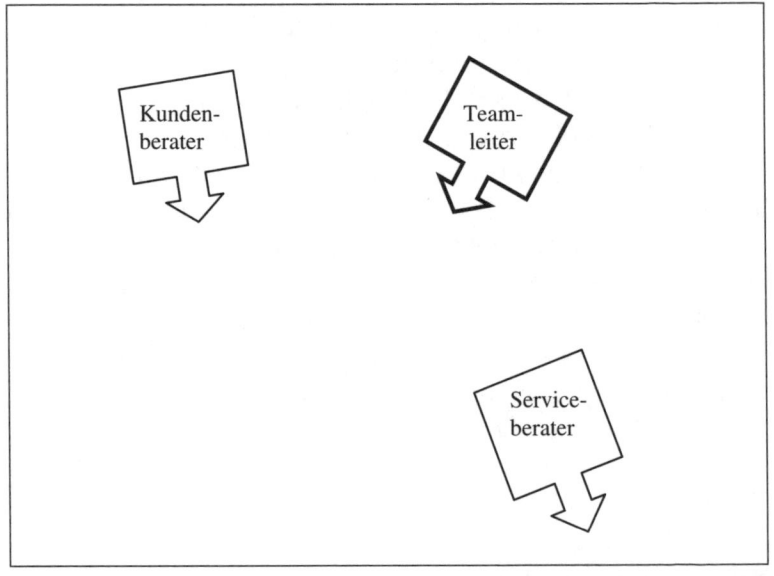

Quelle: Perfect Train

Abbildung 53: Anfangskonstellation Teamentwicklung

Der Stellvertreter für die *Kundenberater* fühlt sich bei der anschließenden Befragung durch den Trainer auf seinem Platz stark, mächtig und als etwas Besonderes. Den Chef an seiner Seite nimmt er kaum wahr. Auf die Frage, wie es ihm in Bezug zum Stellvertreter für die Servicemitarbeiter geht, antwortet er: „Ich sehe nur den Rücken. Mal abwarten, was die tun werden. Ich fühle mich stark und gut hier. Außerdem bin ich sowieso am wichtigsten. Aber ich empfinde auch Wohlwollen und Sympathie gegenüber den Kollegen vom Service. Nur, je länger ich darüber nachdenke, stört es mich immer mehr, dass sie mir den Rücken zuwenden. Die brauchen mich doch!!"

Bei der Befragung des Stellvertreters der *Servicemitarbeiter* stellt sich heraus, dass diese sich kraftlos und isoliert fühlen, ausgegrenzt und nicht zugehörig. Dem Stellvertreter missfällt es, dass er niemanden sieht. Er möchte wissen, was sich hinter seinem Rücken abspielt.

Als Nächstes wird der *Fokus* befragt. Dessen Repräsentant äußert, dass er sich zweifelnd und zerrissen fühlt. Er schaue zwischen Kunden- und Serviceberatern hindurch in die Ferne, sehe aber nicht wirklich etwas. An der rechten Seite spürt er etwas Bedrohliches. Dort möchte er hinschauen, damit er weiß, was das zu bedeuten hat.

Trainer: „Der Teamleiter hat den Stellvertreter für die Kundenberater rechts neben sich gestellt. Dieser Platz ist jedoch bezogen auf die systemische Ordnung in einem System in der Regel dem zustehend, der die Leitung hat und die Verantwortung trägt, also dem Teamleiter selbst. Wenn man hier noch die Äußerung der Kundenberater von eben berücksichtigt, nämlich dass die sich sehr kraftvoll und mächtig fühlen, dann ist anzunehmen, dass sie die heimlichen, die latenten Chefs im Team sind. Zumal auch der Stellvertreter des Fokus erwähnt hat, es gehe ihm nicht gut an seinem Platz. So wie er jetzt platziert ist, kann er seine Führungsposition nicht einnehmen. Mit den Serviceberatern gibt es scheinbar etwas zu klären. Die Bemerkung der Kundenberater – abwartende Haltung, Sympathie, aber auch ein Überlegenheitsgefühl – deutet darauf hin, dass hier vielleicht die Anerkennung, die Würdigung von Leistung angebracht ist. Und zwar die der Servicemitarbeiter, die länger da sind und im wahrsten Sinne des Wortes die älteren Rechte haben. Wir haben es hier also nicht nur mit einem Konflikt innerhalb des Teams zu tun, sondern auch mit einer nicht vorhandenen Führung. Lassen Sie uns dafür nun eine Lösung finden."

Der Trainer bittet nun den Stellvertreter für die *Serviceberater* sich umzudrehen, damit er den *Fokus* (Teamleiter) und die *Kundenberater* sehen kann. Es findet nun ein vom Trainer vorgegebener Dialog statt, der hilft Zuständigkeiten anzuerkennen und Gegebenheiten zu würdigen.

„Ihr seid kompetenter und sorgt mit eurem Know-how dafür, dass die Geschäftsstelle gut läuft", sagt der *Stellvertreter Service* zu den *Kundenberatern*. Damit sind diese zufrieden, sie fühlen sich in ihrer Bedeutung gesehen. Umgekehrt erfolgt auch die Würdigung der *Servicekollegen* durch die *Kundenberater*. „Weil ihr uns und unsere Arbeit nicht geschätzt habt, wollten wir von euch auch nichts wissen. Das kann jetzt aufhören. Wir gehen jetzt einen Schritt auf euch zu. Wir brauchen euch." Die *Serviceberater* reagieren auf das Gehörte mit einem tiefen Seufzer, lächeln und nicken mit dem Kopf.

Der *Stellvertreter Service* schaut nun auf den *Fokus* und der Trainer bittet ihm Folgendes zu sagen: „Sie haben sich zurückgezogen und uns nicht eingebunden. Auch wir hätten Ihre Anerkennung und Hilfe benötigt." Der *Fokus* erwidert: „Es tut mir leid. Ich war zu sehr mit mir beschäftigt."

Auch die *Kundenberater* wenden sich jetzt dem *Fokus* zu. Dabei ist Spannung spürbar. Es fällt beiden schwer, sich gegenseitig anzuschauen.

Kundenberater (sichtlich bewegt zum Fokus): „Wir wollten Ihnen helfen. Aber das ist nicht unsere Aufgabe. Sie sind der Chef und wir sind Ihre Mitarbeiter. Das erkennen wir jetzt an. Das, was wir zuviel getragen haben, geben wir Ihnen zurück."

Die Rückgabe wird noch durch ein Ritual verstärkt. Ein Gegenstand wird symbolisch für das zuviel Übernommene zurückgegeben.

Der *Fokus* erwidert: „Sie waren schon vor mir da, das erkenne ich an. Aber ich bin auch Ihr Chef und Sie sind meine Mitarbeiter. Die Führung im Team habe ich."

Erst nachdem diese Sätze langsam und noch stockend ausgesprochen werden, können sich der *Fokus* und die *Kundenberater* allmählich anschauen und werden ruhiger.

Trainer: „Was wir hier gerade gemacht haben, nennen wir Prozessarbeit, um ein stimmiges Lösungsbild anzusteuern, in dem jeder seinen systemisch richtigen Platz einnimmt und Kraft zum Handeln hat. Im Lösungsbild erweist sich häufig eine Rechts-Links-Ordnung als stimmig. Rechts auf dem stärkeren Platz stehen die Kundenberater aufgrund der größeren Kompetenz und Umsatzträchtigkeit, links daneben die Servicemitarbeiter."

Schwieriger ist es für den Fokus, den Teamleiter, einen Platz zu finden, an dem es ihm gut geht und von wo aus er gleichzeitig seine Führungsrolle wahrnehmen kann. Stimmig wird es erst für ihn, als ein weiterer Stellvertreter hinzugenommen wird, der für ihn eine nicht näher benannte Ressource repräsentiert. Mit dieser Kraftquelle im Rücken geht es ihm schließlich an einem Platz ganz rechts neben den Kundenberatern am besten.

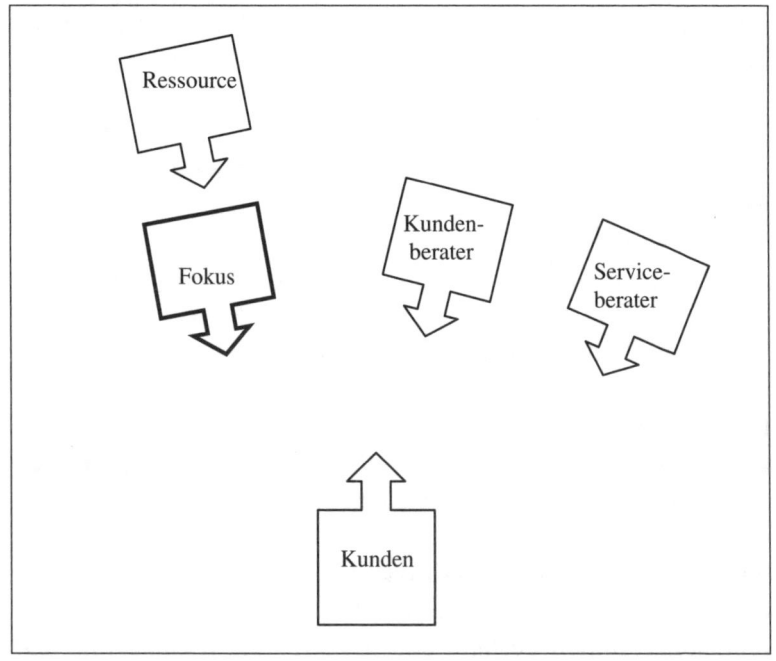

Quelle: Perfect Train

Abbildung 54: Lösungsbild Teamentwicklung

Trainer: „Jetzt möchte ich gerne noch die Akteure austauschen. Bitte, Herr Teamleiter, entlassen Sie Ihren Stellvertreter und stellen Sie sich selbst auf die Position im Lösungsbild. Genauso bitte ich jeweils eine Person aus der Gruppe der Kundenberater- und Serviceberater sich auf den Platz der anderen Seite zu stellen. Ich lege jetzt in einiger Entfernung gut sichtbar für alle ein Symbol für die gemeinsame Aufgabe bzw. die Kunden auf den Boden."

Einige weitere Mitarbeiter haben daraufhin noch das Bedürfnis, sich selbst in das Bild zu stellen, um es auf Stimmigkeit zu prüfen. Alle im Team wirkten überrascht und können die Kraft dieser Darstellung spüren. Nachdem sie jetzt noch ein Ziel sichtbar vor Augen haben, wird die Lösungskonstellation für alle Beteiligten abgerundet.

Teilnehmer: „Nachdem ich diesen Ablauf hier gesehen und mit vollzogen habe, macht das Teamentwicklungswochenende für mich wirklich Sinn. Mit diesem guten inneren Bild können wir jetzt die nächsten Schritte gemeinsam erfolgreich angehen!"

Trainer: „Schön! Dann werden wir jetzt die nächste Stufe nehmen und unser Verhalten im Spiegel der Gruppe beleuchten. Wir wissen jetzt, dass das Verhalten anderer oft durch unsere eigene selektive Wahrnehmung interpretiert und bewertet wird und dies oft die Ursache für Konflikte im Team darstellt. Dadurch wiederum wird unsere Energie gelähmt und kann sich nicht voll auf das Ziel hin ausrichten, nämlich auf die Optimierung bei Kundenansprachen und Beratungen. Ich schlage Ihnen deshalb eine Übung vor, wie Sie Ihre gegenseitige Wahrnehmung schärfen und gleichzeitig transparent für alle nachvollziehbar machen können (siehe Abbildung 55)."

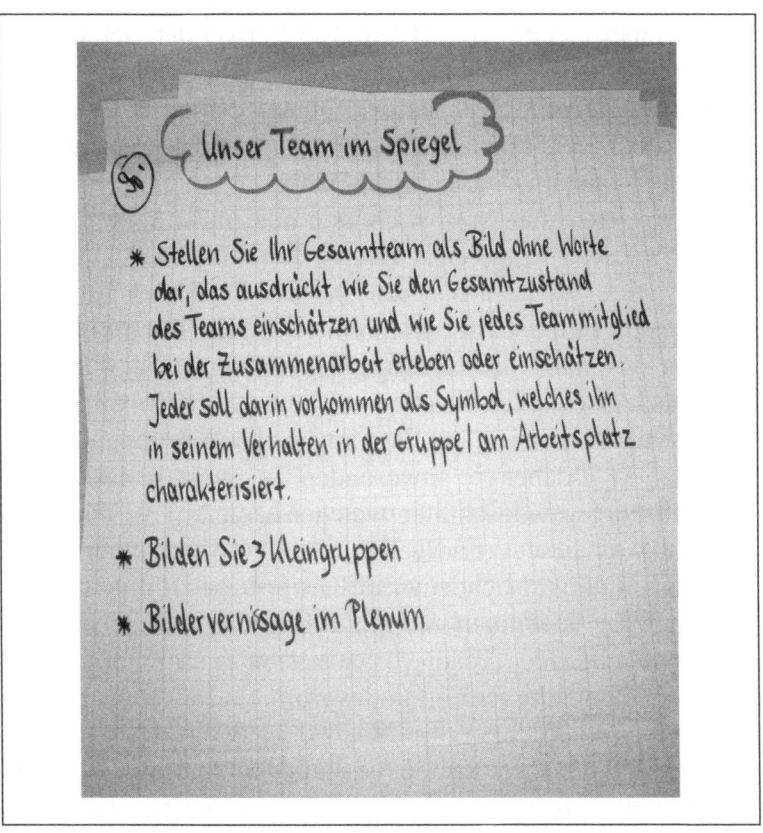

Quelle: Perfect Train

Abbildung 55: Unser Team im Spiegel

Dazu wird das Team aufgeteilt in Kleingruppen. Innerhalb jeder Gruppe werden die einzelnen Teammitglieder jeweils als Symbol dargestellt, welches die Person in ihrer Rolle innerhalb der Gruppe kennzeichnet mit ihren individuellen Eigenschaften und Eigenarten.

Als Symbol kann also z. B. ein Tier verwendet werden. Ein Mitarbeiter wird dementsprechend beispielsweise als Bär gezeichnet, weil diese Person einerseits stark, stämmig, manchmal auch schwerfällig wirkt, andererseits aber sehr durchsetzungsfähig sein kann bzw. mit einem „breiten Kreuz" ausgestattet ist in wichtigen oder in kritischen Situationen.

Jede Kleingruppe stellt auf ihrem Bild alle Teammitglieder dar ohne Namen oder sonstige Erkennungszeichen aus der Realität. Anschließend stellt jede Gruppe ihr Bild im Rahmen einer Vernissage im Plenum vor. Die Gruppe, die gemalt hat, lässt dabei die anwesenden Teammitglieder vermuten, wer sich jeweils hinter welchem Symbol verbirgt und warum. Auf diese Weise geben alle ihre Vermutungen und Phantasien preis. Nachdem jede Gruppe ihr Bild präsentiert hat und die jeweiligen Vermutungen dazu ausgesprochen wurden, stellt jedes Team vor, wer sich tatsächlich an welcher Stelle im Bild verbirgt und warum.

Auf diese Weise erfolgt ein visuell gut einprägsames und gleichzeitig sehr detailliertes sowie einfühlsames Feedback an den Einzelnen, der sich aus den Rückmeldungen das herausziehen kann, was er für die Entwicklung im Team und für sein Wachstum benötigt. Im Detail bedeutet das, dass der Einzelne anhand der nachfolgenden ritualisierten Fragen reflektiert und mit Wünschen und Anregungen versehen wird.

Fragen zur Analyse der Zusammenarbeit:

► Wie sind wir darauf gekommen, Sie so zu malen?
► Was konnten oder wollten wir im Bild nicht ausdrücken?
► Was freut uns und macht die Zusammenarbeit angenehm?
► Was stört uns und macht die Zusammenarbeit schwierig?
► Was schätzen wir an Ihnen?
► Was gefällt uns nicht an Ihnen?
► Was wünschen wir uns von Ihnen?

Die Teilnehmer sind angehalten ein offenes und ehrliches Feedback zu geben und sich an das vorgegebene Fragenritual zu halten. Jedes Teammitglied erhält auf diese Weise seine Rückmeldung.

Zur Verarbeitung des Gehörten erfolgt im Anschluss ein Partnerspaziergang, der durch gegenseitiges Hinterfragen und Absprechen von konkreten Verhaltensoptimierungen einen Transfer in den Teamalltag begünstigt und einleitet.

Nachdem die Teilnehmer bis dahin einiges über sich selbst und Ihre Wirkung im Team erfahren konnten, besteht die Aufgabe nun darin, die Teammitglieder mittels einer emotionalen Eventübung aufeinander einzuschwören und sie erleben zu lassen, dass Spaß und Leistung gut zusammengehen.

Zum Abschluss der Teamentwicklungsmaßnahme wird am nächsten Tag aufbauend auf dem Erlebten in drei parallel arbeitenden Kleingruppen das praktische Rüstzeug für den künftigen Teamalltag geschaffen. Eine Gruppe erarbeitet konkrete Spielregeln für den Umgang miteinander. Die nächste Gruppe entwickelt ein transportables und standfestes Symbol, das den Entwicklungsstand des Teams spiegelt und gleichzeitig einen Ausblick beinhaltet, worauf das Team in einem Jahr gemeinsam anstoßen will. Und die dritte Gruppe ergänzt die visionäre Arbeit, indem sie passend zum Symbol einen Slogan kreiert, der das Team kurz und prägnant in seinen Stärken charakterisiert.

Wieder zurück in der Bank präsentieren die Teilnehmer ihre Ergebnisse beim Vorstand, so dass nach dem Seminarwochenende die Inhalte verbindlich und einklagbar im Alltag umgesetzt werden.

4.5   Der Daily-Talk-Ansatz

Bei den Qualifizierungsmaßnahmen in den Bereichen Big-Talk und Small-Talk liegt der Fokus ausschließlich auf der Mitarbeiterebene. Um nun auch die Führungskräfte mit ins Boot zu holen, die als interne Coaches die Optimierung der Beraterqualität weiter vorantreiben sollen, erfolgt als letzte Maßnahme im Rahmen des balanceorientierten Vertriebscoachings das Training für die jeweiligen Geschäftsstellenleiter. Sie sollen nach Abschluss der externen Begleitung die Beratungsaktivitäten im Rahmen von täglichen 30-Minuten-Gesprächen von den Mitarbeitern konsequent einfordern.

Das bedeutet für die Führungskräfte:
► Schaffen Sie eine Realität, in der das neue Berater- und Serviceverhalten möglich ist.
► Definieren Sie ein neues Selbstverständnis, das dieses Berater-Serviceverhalten beinhaltet.
► Geben Sie als Coach die „Referenzerfahrung". Das heißt: Zeigen Sie, dass es möglich ist, indem Sie es auch selbst leben und vormachen.

Der Daily-Talk-Prozess ist dabei stark auf Lösungen ausgerichtet und auf die Umkehrung des Verhaltens, das die Lösung behindert. Im Einzelnen bedeutet dies für den Ablauf:

► Rückmeldung zu den täglichen Beratungsgesprächen,
► besprechen der unterschiedlichen Sichtweisen,
► herstellen von Übereinstimmungen, was die täglichen Gespräche angeht,
► erarbeiten von wirksamen Lösungen.

Folgende Punkte sind von der Führungskraft zu beachten bzw. umzusetzen:

► Geben Sie Ihren Mitarbeitern ein ehrliches, klares und wertschätzendes Feedback zu dem, was Sie als Verhalten beobachtet haben und zu der Wirkung, die dieses Verhalten hat. Sagen Sie den Mitarbeitern täglich, was Sie wollen.
► Erfragen Sie den Standpunkt oder die Sichtweise der Mitarbeiter. „Was ist Ihre Sichtweise zu dieser täglichen Anspracheaufgabe? Wie denken Sie darüber? Wenn Sie meine Rückmeldung hören, was geht Ihnen dann durch den Kopf?"
► Erfragen Sie, wie es mit der Zielübereinstimmung steht. „Angenommen Sie würden jeden Tag konsequent Ihre Kunden ansprechen, welche Bedingungen müssten erfüllt sein?"
► Erarbeiten Sie gemeinsam Lösungen. Fragen Sie den Mitarbeiter: „Was wäre eine gute Lösung um Ihr tägliches Ziel zu erreichen? Hat es schon an Tagen funktioniert? Was war da anders als an den Tagen wo es nicht funktioniert? Was haben Sie bisher unternommen, um die Aufgabe aus eigener Kraft zu lösen? Angenommen, Sie hätten die Aufgabe gelöst, wie wäre das gekommen, wer hätte was getan?"

Wie könnte jetzt ein Gesprächsverlauf zwischen der Führungskraft und einem Berater aussehen? Anspruch an das Gespräch ist es, die gegenseitigen Erwartungen und Ziele abzugleichen. Mit dem Gespräch entscheidet sich, ob es in einem autoritären Führungsgehabe endet oder ob es Energien und Ideen freisetzt, um die täglichen Aufgaben zu meistern.

Der Ablauf des Zielgespräches orientiert sich an sieben Stufen. Ausgehend von einer konkreten Situation (die Erhöhung der täglichen aktiven Kundenansprachen und Gesamtbedarfsberatungen) könnte ein Daily-Talk-Gespräch mit einem Mitarbeiter folgendermaßen ablaufen:

1. Eröffnung des Gesprächs
Wie ist es Ihnen bei der Erarbeitung der Ziele ergangen?

2. Zielvorschläge des Mitarbeiters erfragen
- Welche Vorschläge haben Sie?
- Welche Beweggründe haben Sie für diese Vorschläge?
- Welche Vorteile/Chancen sehen Sie?
- Welche wirkungsvollen/positiven Veränderungen verbinden Sie damit?
- Welche Motive gibt es, bestimmte Vorschläge nicht aufzunehmen?

3. Eigene Zielvorschläge verdeutlichen
- Welche Vorstellungen habe ich als Vorgesetzter?
- Welche Erwartungen habe ich an Sie als Mitarbeiter?
- Welche Chancen, Vorteile, Verbesserungen sehe ich?

4. Zielübereinstimmung herstellen

- Falls keine Akzeptanz besteht – Ob und inwiefern bin ich als Vorgesetzter/sind Sie als Mitarbeiter bereit, die eigene Position zu verändern?
- Unter welchen Bedingungen kann jeder sich auf das Ziel, den Vorschlag einlassen?

5. Zielkonkretisierung durchführen

- Woran werden wir beide erkennen, dass das Ziel erreicht ist?
- Ist das Ziel SMART formuliert (Spezifisch, Messbar, Anspruchsvoll, Realistisch, Terminiert)?
Beispiel – Der Berater spricht pro Tag mindestens zwei Kunden aktiv an und führt daraus täglich mindestens zwei Finanz-Check-Gespräche mit einem Produktabschluss Minimum an jedem Tag!

6. Zielumsetzung besprechen

- Was planen Sie, um das Ziel zu erreichen?
- Wie genau werden Sie vorgehen?
- Wer oder was kann Ihnen dabei helfen?
- Was hat schon einmal gut funktioniert und was davon kann wie zum Einsatz kommen?
- Was brauchen Sie von mir als Vorgesetztem?

7. Ergebnisse der Umsetzung analysieren

- Bewertung des Zielerreichungsgrades aus Sicht des Mitarbeiters und des Vorgesetzten (Wie hoch ist der Erreichungsgrad? Wo gibt es Abweichungen? Was ist gut/weniger gut gelungen?)
- Abgleich der Einschätzungen (Was sind Gründe für eventuelle unterschiedliche Bewertungen?)

- Hinterfragen der Zielabweichungen (Was hat die Umsetzung gefördert/behindert? Wie waren die Rahmenbedingungen? Welche Unterstützungsmaßnahmen wären notwendig gewesen?)
- Treffen einer neuen Vereinbarung (Welche Aspekte aus der Analyse müssen wie in der neuen Zielvereinbarung berücksichtigt werden? Welche Entwicklungsmaßnahmen sind notwendig? Welche Stärken können wie verstärkt werden?)
- Achtung! Lassen Sie sich beim Ergebnisgespräch von einer Lösungsorientierung und nicht von einer Problem- oder Sanktionsorientierung leiten! Es geht um eine Förderung des Mitarbeiters, nicht um eine Schuldigensuche oder eine Verurteilung von Fehlverhalten!

4.6 Transfersicherung

Es ist für die Zeit nach den Qualifizierungsmaßnahmen von externer Seite und parallel zu den Daily Talk Gesprächen für die Erreichung von Nachhaltigkeit entscheidend, dass weitere „Sicherungsmechanismen" eingebaut werden.

Dazu werden alle drei Monate halbtägige Follow up-Workshops durchgeführt mit dem Ziel, Rückfalltendenzen in alte Gewohnheiten zu unterbinden und stattdessen immer wieder durch die Reflexion des eigenen Verhaltens Engagement und Motivation für die Umsetzung der neuen Berater- und Servicequalität zu erzeugen.

Zusätzlich werden so genannte Coachingrunden und Coachingtandems installiert, um das Neuverhalten anhaltend zu stabilisieren.

Für die Coachingrunden treffen sich alle gecoachten Mitarbeiter quartalsweise an einem festen Termin für circa ein bis zwei Stunden zum Erfahrungsaustausch ihrer in den Beratungen gemachten Erfahrungen, üben Kurzsequenzen (simulierte Situationen aus den Beratungen) und besprechen Best-Practice-Strategien der Kollegen bzw. schwierige Entwicklungen in Kundengesprächen und den Umgang damit. Moderiert werden die Runden vom Vertriebsleiter.

Bei den Coachingtandems bilden jeweils zwei Kollegen zusammen ein Team, das sich einmal im Monat wechselseitig zu fest vereinbarten Terminen in Echt-Beratungs-Gesprächen beobachtet, sich Feedback gibt und anhand der beobachtenden Teilnahme Erfahrungen für die eigene Beratung sammelt.

Die Laufzeit der Coachingrunden- und tandems sollte nach Abschluss der Trainingsmaßnahmen mindestens zwölf Monate betragen, um das Gelernte auf einer soliden Grundlage weiterzuentwickeln und am Leben zu erhalten.

4.7 Evaluation

Am Beispiel einer von uns betreuten Bank – der Volksbank Regensburg eG – können Sie nachvollziehen, welche positiven Auswirkungen die im Verlauf des Buches aufgezeigte Systematik zur Stabilisierung des Beraterverhaltens zeigt. Dort wurde eine ähnliche Vorgehensweise angewendet. Wir wünschen auch Ihnen, dass Sie mit Konsequenz und Beharrlichkeit den Sprung unter die Besten schaffen. Denn nichts ist so erfolgreich wie eine Idee, deren Zeit gekommen ist. Sehen Sie selbst:

Quelle: Volksbank Regensburg eG

Abbildung 56: Testergebnis, Darstellung 1

3. REGENSBURGER KUNDENSPIEGEL ®

Platz1

TESTSIEGER

Untersucht: 8 Geldinstitute
84,8 % Durchschnittlicher Zufriedenheitsgrad
Freundlichkeit: 91,8 % (Platz 1)
Beratungsqualität: 89,1 % (Platz 1)
Preis/Leistungsverhältnis: 73,6 % (Platz 1)
Kundenbefragung 02/2005; N=910

MF Consulting Dipl.-Kfm. Dieter Grett
Marktforschung: Tel: 0991/32753

Quelle: Volksbank Regensburg eG

Abbildung 57: Testergebnis, Darstellung 2

Kompetente Kundenberatung nimmt bei der Volksbank einen hohen Stellenwert ein.
Foto: privat

Bestätigung der Geschäftspolitik

Volksbank Regensburg eG:
Sieger in der Branche „Geldinstitute" (8 getestet)

kg. Mit dem Spitzenplatz in allen drei Kategorien „Freundlichkeit", „Beratung" und „Preis/Leistung" hat die Volksbank Regensburg ihren Testsieg aus dem Jahr 2002 bestätigt und den Vorsprung sogar noch ausgebaut.

Diese positive Resonanz resultiert aus der erfolgreichen Geschäftspolitik der Volksbank, die den Kunden in den Mittelpunkt stellt. Vertrauen zueinander steht hier ganz oben. Dies bedeutet auch, dass jeder Kunde über Jahre hinweg seinen festen Ansprechpartner hat.

Schon immer setzt die Volksbank Regensburg auf qualifizierte Aus- und Weiterbildung ihrer Mitarbeiter. Seit Jahren erzielen unter anderem die Auszubildenden beste Ergebnisse, wozu auch Seminare in der genossenschaftlichen Akademie beitragen. „Fachwissen und Können sind Grundvoraussetzung für gute Beratung", bekräftigt Bereichsleiter Karl Weigl.

Ein nicht zu unterschätzender Faktor bei der Kundenzufriedenheit ist auch die Präsenz vor Ort. Die Volksbank verweist mit Stolz darauf, dass ihr Filialnetz nicht abgebaut wurde. Im Gegenteil: Sämtliche sechs Regensburger Geschäftsstellen sowie je eine in Kelheim und Nittendorf wurden in den letzten Jahren noch kundenfreundlicher gestaltet. Selbstverständlich verfügt die gesamte Bank sowohl im Service als auch im Beratungsbereich über modernste Hard- und Software.

Quelle: Volksbank Regensburg eG (Auszug aus der Mittelbayerischen Zeitung)

Abbildung 58: Testergebnis, Darstellung 3

Zitat Volksbank Regensburg eG:

Gutes optimieren
„Mehr Kontakte im Vertrieb führen zu einer höheren Kundenzufriedenheit. Zufriedene Kunden sind der Garant einer erfolgreichen Geschäftspolitik. An dieser Maxime orientieren wir unsere tägliche Arbeit."

Kundenkonzept bestätigt
„Nach 2002 gewannen wir zum zweiten Mal in Folge den Regensburger Kundenspiegel als Testsieger. Dieser wird von dem renommierten Institut MF Consulting durchgeführt. Er beinhaltet die Bereiche Freundlichkeit, Beratungsqualität und Preis-Leistungs-Verhältnis. Im Jahr 2004 belegten wir bei allen drei Kriterien den ersten Platz. Dabei vergrößerten wir sogar den Abstand in den Sparten Freundlichkeit und Beratungsqualtität zum Zweitplatzierten. Über das Ergebnis haben wir uns sehr gefreut. Wir sehen darin eine Bestätigung unserer Geschäftspolitik."

Angebot - Alles aus einer Hand
„Allerdings genügt es nicht, sich auf dem Erreichten auszuruhen. Wir verfeinern laufend unsere Kundenbetreuungskonzeption. Hauptziel ist es unter anderem, noch mehr Zeit für den Kunden zu haben. Mit dem VR-CheckUp definieren und priorisieren wir mit unseren Kunden deren persönliche Ziele und Wünsche. Nach einer umfassenden Analyse der Finanzsituation fertigen unsere Berater einen persönlichen Maßanzug an. Das Finanzkonzept ist auf die jeweilige Lebensphase abgestimmt. Dabei können wir auf das Netzwerk eines leistungsstarken Verbunds zurückgreifen. Somit bieten wir die gesamte Bandbreite der Finanzdienstleistungen an: Alles aus einer Hand."

Sicherung der Beratungsqualität

„Um den hohen Erwartungshaltungen unserer Kunden gerecht zu werden, bilden sich unsere Mitarbeiter laufend innerbetrieblich und extern fort. Aktuelle Themen sind derzeit die neuen Regelungen zur Altersvorsorge, Geldanlage und alle Fragen zur Immobilie. Den Vertrieb unterstützen wir durch gezieltes Coaching. Dabei sollen Selbstbewusstsein, Mut und Hartnäckigkeit noch stärker gefördert und ausgebaut werden. Diese Personalentwicklungsmaßnahmen bewirken eine zusätzliche Erhöhung der Beratungskompetenz.

Neben der individuellen Kundenberatung und -betreuung legen wir großen Wert auf die Gestaltung und Atmosphäre unserer Geschäftsstellen. Mit dem Umbau unserer Hauptstelle und den Investitionen in unsere EDV haben wir überall die Voraussetzungen für eine diskrete und kompetente Beratung unserer Kunden geschaffen."

Epilog

…oder die Geschichte vom Mann, der auf dem Wasser ging!

Ein Derwisch aus einer strengen Schule wanderte eines Tages am Ufer eines Flusses entlang. Er war vertieft in gelehrte Gedanken. Plötzlich wurden seine Gedanken von einem lauten Rufen unterbrochen. Er erkannte, dass jemand den Derwischruf laut nachahmte. Der Derwisch dachte bei sich: „So hat das keinen Sinn, der Mann spricht die Silben falsch aus." Er empfand es als seine Pflicht, den Menschen zu korrigieren, der vielleicht nicht richtig angeleitet worden war. Der Derwisch borgte ein Boot, um auf die Insel hinüberzurudern, von der die Rufe kamen. Dort fand er einen Mann in Derwischkleidern in einer Hütte sitzen. Er wiegte sich beim Singen im Takt. „Mein Freund" sagte der Derwisch zu dem Mann „Du singst die Worte falsch. Du musst sie anders betonen!" Und er zeigte ihm wie.

„Ich denke dir", sagte der Mann demütig. Der Derwisch stieg wieder in sein Boot, zufrieden über seine gute Tat. Denn er wusste auch, dass bei korrekter Wiederholung dieser heiligen Formel einem die Fähigkeit zuwächst auf dem Wasser zu wandeln.

Nun hörte er nichts mehr aus der Hütte, aber er war sicher, dass sein Unterricht aufgenommen worden war. Plötzlich hörte er wieder den gestammelten Ruf. Der Mann rief die heilige Formel also doch wieder auf die alte Weise. Während der Derwisch über die Hartnäckigkeit des Irrtums nachsann, sah er plötzlich, wie der Mann von der Insel auf ihn zugelaufen kam und zwar auf dem Wasser!!! Der Mann erreichte das Boot des Derwisches und rief: „Bruder, es tut mir leid, dich noch einmal zu belästigen, aber ich muss dich noch einmal nach den Worten fragen, habe ich doch Mühe, sie richtig zu behalten."

In diesem Sinne wünsche ich allen Lesern, dass Sie für sich selbst ihre individuelle Formel für Veränderung finden, um mit Balance, Spaß und Erfolg einen Zug voraus zu sein!

Abbildungsverzeichnis

Literaturverzeichnis

Cialdini, Robert B.: Die Psychologie des Überzeugens, Bern, Huber Verlag, 2003.

Fink, Klaus-J.: Bei Anruf Termin, Wiesbaden, Gabler Verlag, 2002.

Fink, Klaus-J.: Empfehlungsmarketing, Wiesbaden, Gabler Verlag, 2003.

Grochowiak, Klaus / Castella, Joachim: Systemdynamische Organisationsberatung, Heidelberg, Carl-Auer-Systeme Verlag, 2002.

Holitzka, Marlies / Remmert, Elisabeth: Systemische Organisationsaufstellungen, Darmstadt, Schirner Verlag, 2000.

Horn, Klaus P. / Brick, Regine: Das verborgene Netzwerk der Macht, Offenbach, Gabal Verlag, 2001.

Horn, Klaus P. / Brick, Regine: Organisationsaufstellung und systemisches Coaching, Offenbach, Gabal Verlag, 2003.

Horx, Matthias: Die acht Sphären der Zukunft, Seedorf, Signum Verlag, 2000.

Kalnins, Monika / Röschmann, Doris: Icebreaker, Hamburg, Windmühle Verlag, 2000.

Klöckner, Bernd W.: Die Magie des Erfolges, München, Goldmann Verlag, 2001.

Klöckner, Bernd W.: Verkaufstraining für Finanzdienstleister, Wiesbaden, Gabler Verlag, 2003.

Lasko, Wolf W. / Busch, Peter: Professionelle Neukundengewinnung, Wiesbaden, Gabler Verlag, 2003.

Lasko, Wolf W.: Charisma, München, Goldmann Verlag, 2001.

Limbeck, Martin: Das neue Hardselling, Wiesbaden, Gabler Verlag, 2005.

Niemeyer, Rainer: Coaching - sich und andere zum Erfolg führen, Freiburg, Haufe Mediengruppe, 2000.

Pufahl, Mario / Heppe, Guido: Innovatives Vertriebsmanagement, Wiesbaden, Gabler Verlag, 2004.

Ruppert, Franz: Berufliche Beziehungswelten, Heidelberg, Carl-Auer- Systeme Verlag, 2001.

Sessler, Helmut: Vom Bankberater zum Beziehungsmanager, Wiesbaden, Gabler Verlag, 1996.

Smith, Benson / Rutigliano, Tony: Setzen Sie auf Ihre Stärken im Verkauf, Frankfurt / New York, Campus Verlag, 2004.

Stöger, Hans und Gabriele: Besser verkaufen mit Glaubwürdigkeit und Sympathie, Landsberg, Verlag Moderne Industrie, 2002.

Young, Francis: Mehr Erfolg im Team, Hamburg, Windmühle Verlag, 1989.

Wildenmann, Bernd: Durch Coaching zu high performance, Neuwied / Kriftel, Luchterhand Verlag, 2003.

Wildenmann, Bernd: Die Faszination des Ziels, Neuwied / Kriftel, Luchterhand Verlag, 2001.

Der Autor

Josef Bierl zählt zu den Erfolgstrainern mit Herz und Biss. Er ist einer der wenigen Verkaufstrainer, die sowohl die Verkaufsmethodik des Gesamtbedarfsansatzes bis ins Detail professionell anwendungsgerecht vermitteln als auch auf Echtheit und Balance bei den Trainingsteilnehmern achten. Durch die Anwendung von Methoden aus der systemischen Beratung und dem lösungsorientierten Coaching ist er in der Lage, auch auf die Persönlichkeit des Finanzverkäufers einzuwirken.

Josef Bierl hat sich als Inhaber von Perfect Train speziali-
siert auf den Bereich der Sparkassen, Genossenschaftsban-
ken und Privatbanken. Er arbeitet dort insbesondere als
Trainer und Berater für selbsterfahrungsorientiertes Vertriebscoaching, Verkaufstraining, Einzelcoaching von Führungskräften und Teamentwicklung von Vertriebsteams, um
die Schlagzahl und die Qualität von Filialteams zu steigern.

Nach der Ausbildung zum Bankkaufmann und zum Sparkas-
senbetriebswirt ergänzte er sein Bankwissen um ein Studium
der Erwachsenenpädagogik. Weitere einschlägige Weiterbil-
dungen im Coaching- und Trainingsbereich folgten.

Seine über 20jährige Erfahrung in unterschiedlichen Banken,
Sparkassen und nicht zuletzt seine mehrjährige Tätigkeit als
Unternehmensberater haben ihn zum respektierten Partner
seiner zu trainierenden Finanzverkäufer gemacht.

Aus über 1500 begleiteten Echt-Kunden-Gesprächen am
Arbeitsplatz kennt er die Besonderheiten der Kundenreaktio-
nen und der Marktverhältnisse in der Finanzdienstleistung.

Diese Erfahrungen machen ihn zum „Praktiker". Er versteht
es, mit klarer Sprache und wirkungsvollen Beispielen Finanzverkäufer von der Analyse bis zur Unterschrift des
Kunden fit zu machen und zu begeistern.

Sie erreichen Josef Bierl unter:
Hohe Warte 6, 92272 Freudenberg
Telefon: 09621/913147
Telefax: 09621/913148
Email: j.bierl@perfect-train.de
Internet: www.perfect-train.de

Stichwortverzeichnis

Managementwissen: kompetent, kritisch, kreativ

Was Manager von der Königsdisziplin des Sports lernen können

Frank Busemann, der Olympia-Zweite von Atlanta im Zehnkampf, hat es im Sport bis an die Spitze gebracht. Zielstrebigkeit, Mut und Leidenschaft waren einige der Qualitäten und Tugenden, die ihm dabei geholfen haben. Das Buch zeigt anschaulich, was „unternehmerische Zehnkämpfer" von der Königsdisziplin des Sports lernen können. Ein spannender Ratgeber für alle, die fit für den unternehmerischen Erfolg werden wollen.

Wolf W. Lasko / Frank Busemann / Peter Busch
Zehnkampf-Power für Manager
Wie Sie die Erfolgsprinzipien des Sports für sich und Ihr Business nutzen
2005. 221 S. Geb.
EUR 38,00
ISBN 3-409-14267-3

Wie Sie eine Kultur des Wollens erzeugen

Dieses Buch zeigt, wie es gelingt, eine Kultur des Vertrauens und des Wollens zu schaffen. Heribert Schmitz plädiert eindringlich für eine Führungskultur, die Leistung und Innovation wirklich fördert

Heribert Schmitz
Raus aus der Demotivationsfalle
Wie verantwortungsbewusstes Management Vertrauen, Leistung und Innovation fördert
2005. 188 S. Geb.
EUR 34,90
ISBN 3-409-03444-7

Ihr Kompass für effektive Konfliktlösungen im Geschäftsalltag

Das Buch zeigt Führungskräften auf, wo sie ihre persönlichen „Gaps" im Arbeitsalltag entdecken und Veränderungsstrategien entwickeln können, mit denen sich Konflikte lösen lassen. Ein sehr pragmatisches und nützliches Buch, um zu effektiven Konfliktlösungen zu gelangen.

Mechthild Bülow
Mind the Gap!
Ihr Kompass für effektive Konfliktlösungen im Geschäftsalltag
2005. 212 S. Geb.
EUR 34,90
ISBN 3-409-14281-9

Änderungen vorbehalten. Stand: Juli 2005.
Erhältlich im Buchhandel oder beim Verlag.

Gabler Verlag · Abraham-Lincoln-Str. 46 · 65189 Wiesbaden · www.gabler.de

Mitarbeiter erfolgreich führen

Feedback-Instrumente

Dies ist das erste Buch, das Feedbackinstrumente und Feedbackprozesse in Unternehmen umfassend behandelt. Das Autorenteam gibt konkrete Gestaltungshinweise und schildert Beispiele aus renommierten Unternehmen (BMW, Continental, Lufthansa, SAP ...).

Ingela Jöns / Walter Bungard (Hrsg.)
Feedbackinstrumente
im Unternehmen
Grundlagen, Gestaltungshinweise, Erfahrungsberichte
2005. 552 S.Br.
EUR 49,90
ISBN 3-409-12738-0

Mehr Motivation durch Zielvereinbarungen

Der bewährte kompakte Leitfaden mit vielen Checklisten, Tipps und aktuellen Informationsquellen. Jetzt in der 3. Auflage mit weiteren Beispielen.

Eckhard Eyer /
Thomas Haussmann
Zielvereinbarung
und variable Vergütung
Ein praktischer Leitfaden –
nicht nur für Führungskräfte
3., erw. Aufl. 2005. Ca. 180 S. Br.
Ca. EUR 37,90
ISBN 3-409-31682-5

Konkrete Anleitung für die operative Ausgestaltung von Kompetenzmanagement

Kompetenz besteht im Wesentlichen in der Fähigkeit, situationsadäquat zu handeln. Dieses Buch beschreibt, wie Unternehmen die Kompetenzen der Mitarbeiter systematisch identifizieren, nutzen, entwickeln und absichern können. Zahlreiche Beispiele aus namhaften Unternehmen verschiedener Branchen und Größe werden vorgestellt.

Klaus North / Kai Reinhardt
Kompetenzmanagement
in der Praxis
Mitarbeiterkompetenzen systematisch identifizieren, nutzen und entwickeln.
Mit vielen Fallbeispielen.
2005. Ca. 220 S. Geb.
Ca. EUR 44,90
ISBN 3-409-14316-5

Änderungen vorbehalten. Stand: Juli 2005.
Erhältlich im Buchhandel oder beim Verlag.

Gabler Verlag · Abraham-Lincoln-Str. 46 · 65189 Wiesbaden · www.gabler.de

GABLER

Kunden gewinnen und binden

Die Verkäufer-Basics von heute:
Kreative Akquisitionswege
für „mehr Umsatz".

Das Buch vermittelt moderne und kreative
Akquisitionswege und liefert zahlreiche
Tipps für die tägliche Umsetzung.

Ardeschyr Hagmaier
**Heute akquirieren -
sofort profitieren**
Systematisch neue Kunden
und Aufträge gewinnen
2005. Ca. 176 S. Br.
Ca. EUR 26,90
ISBN 3-409-14283-5

Praxiskurs Direktmarketing:
aus Adressaten Kunden machen

Neue Ideen und kreative Impulse für alle,
die ihre „Text-Arbeit" optimieren und aus
Adressaten Kunden machen wollen –
anschaulich, praxisnah und Schritt für
Schritt leicht umsetzbar!
Neu in der 2. Auflage: Wie Sie Wortwelten
(er)schaffen und so Ihr Produkt für den
Film im Kopf des Lesers inszenieren.

Stefan Gottschling
**Stark texten,
mehr verkaufen**
Kunden finden, Kunden binden
mit Mailing, Web & Co.
2. Aufl. 2005. Ca. 208 S. Br.
Ca. EUR 26,90
ISBN 3-409-21935-8

Akquirieren mit Maß und Ziel –
der viel genutzte Ratgeber jetzt
in der 2. Auflage

„Erfolgreich akquirieren" – jetzt in der zweiten, erweiterten Auflage – zeigt, welche
Instrumente und Methoden sich für die
direkte Kundenansprache eignen und wie
man den Kontakt mit Kunden am Telefon,
per Brief und E-Mail oder im persönlichen
Gespräch überzeugend gestaltet.

Alexander Verweyen
Erfolgreich akquirieren
Instrumente und Methoden
der direkten Kundenansprache
2., akt. Aufl. 2005. 167 S. Br.
EUR 25,90
ISBN 3-409-29412-0

Änderungen vorbehalten. Stand: Juli 2005.
Erhältlich im Buchhandel oder beim Verlag.

Gabler Verlag · Abraham-Lincoln-Str. 46 · 65189 Wiesbaden · www.gabler.de

GABLER